CPA 수석이 알려주는 컴팩트 회계학 최신 개정판

김용재의
회계원리

김 용 재 편저

합격에 필요한 것만 담았다!
CPA 수석이 개발한 획기적인 풀이법 전수!

https://**hmstory.kr**

머리말 ● Preface

회계원리는 회계를 처음 배우는 분들을 위한 입문 과목입니다. 회계원리는 회계가 무엇인지부터 시작해서, 기본적인 회계처리를 하는 방법을 배울 것입니다. 회계를 처음 배우는 수험생들께 몇 가지 주의 사항을 드리려고 합니다.

첫째, 회계를 처음 배우는 학생이라면 반드시 회계원리를 수강하셔야 합니다. 중급회계에서는 최소한의 용어나 회계처리는 할 줄 안다고 가정하고 수업을 진행할 것이므로, 바로 중급회계로 넘어가시면 수업을 따라가는 것이 불가능할 것입니다.

둘째, 처음부터 모든 것을 다 이해하려고 하지 마세요. 수험생들이 처음에는 의욕이 넘치기 때문에 모든 것을 완벽하게 하려는 경향이 있습니다. 하지만 **이 시험은 100m 달리기가 아닌 마라톤입니다.** 처음부터 완벽하게 하려고 하면 이해가 가지 않을 때 스트레스를 받고, 지치기 마련입니다. 이렇게 되면 완주가 굉장히 어려워집니다.

회계원리는 회계를 처음 배우는 것이기 때문에 충격이 상당하실 것입니다. 처음 보는 내용이기 때문에 모든 내용이 낯설게 느껴질 수밖에 없습니다. 초등학교에서 구구단을 처음 배웠을 때를 떠올려 보세요. 구구단도 그 당시에는 어렵지 않았습니까. 하지만 반복해서 하다 보니, 이제는 구구단을 복습하지 않더라도 언제든지 구구단을 외울 수 있죠. 저도 처음에 회계를 배웠을 때 참 어려웠습니다. 하지만 포기하지 않고 열심히 한 결과 회계사 시험 수석 합격까지 이루어낼 수 있었습니다.

이해가 되지 않아도 괜찮습니다. 이해가 가지 않는다면 일단 넘어가세요. 회계원리가 끝이 아닙니다. 우리에겐 기본 강의가 있고, 그 이후에도 여러 과정을 통해 반복해서 볼 것입니다. 처음에는 낯설고, 이해가 안 갔던 부분이, 나중에는 복습하지 않아도 언제든지 외울 수 있는 구구단처럼 '당연한 내용'으로 다가올 것입니다.

셋째, 책에 없는 용어에 너무 집중하지 마세요. 제가 강의하면서 반복적으로 사용하는 용어들이 있을 겁니다. 제가 어떤 상황에 어떤 식으로 사용하는지 여러 번 들어보시면 저절로 그 용어가 어떤 뜻인지 자연스럽게 터득할 수 있을 겁니다. 예를 들어, '일변'이라는 단어의 뜻을 아시는 분은 많지 않을 겁니다. 하지만 '그의 소식을 듣고 일변으로는 기쁘기도 하고, 일변으로는 안타깝기도 했다.'라는 예문을 읽어보면 일변이 '한편'과 비슷한 뜻의 단어라는 것을 유추할 수 있을 겁니다. 제가 교재에 설명을 달아놓지 않은 용어는 시험에 나오지 않는 용어이거나, 굳이 설명하지 않고도 여러분이 자연스럽게 습득할 수 있기 때문에 설명을 달아놓지 않은 것입니다.

마지막으로, **이 교재에 있는 모든 문제를 완벽하게 풀려고 애쓰지 않으셔도 됩니다.** 회계원리는 회계를 처음 배우는 과정이기 때문에 회계 전체의 흐름을 보여드리기 위해서 사이즈가 큰 주관식 문제가 많습니다. 지금 당장 주관식 문제들을 스스로의 힘으로 못 풀어도 괜찮습니다. 해답을 보면서 흐름만 파악하셔도 괜찮습니다. 1차 문제는 전부 객관식 문제이고, 이 교재에 실린 주관식 문제에 비해 사이즈가 작습니다. 본 교재에 있는 큰 문제들을 보면서 회계에 대해 겁먹을 필요 없습니다. 제가 안내해드리는 지름길로만 오시면 어느새 합격의 순간에 다가와 있는 본인의 모습을 발견하실 겁니다.

합격으로 가는 지름길의 첫걸음, 김용재의 회계원리 시작하겠습니다!

목차 • Contents

1

회계와 재무제표

회계와 재무제표

1 주식회사

1. 주식회사의 정의

회계학에서는 일반적으로 주식회사를 가정한다. 주식회사란, 주식을 발행하여 투자자로부터 자금을 조달하여 영업을 하는 법인의 형태를 말한다. 주식회사에서 발행한 주식을 매입한 투자자는 주주가 된다.

주식회사는 법적으로는 인격을 부여 받았지만 사람이 아닌 추상적인 존재이다. 따라서 주주들은 경영진을 선임하고, 경영진은 주주로부터 경영에 관한 권한을 위임받아 기업 운영을 맡는다. 이를 경영진의 수탁책임이라고 부른다.

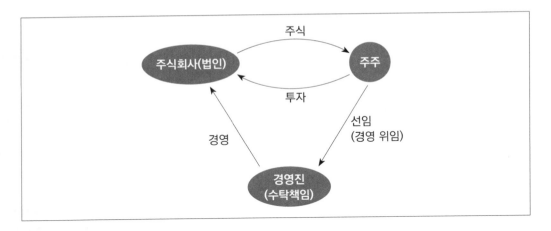

2. 주주와 채권자

	주주	채권자
정의	투자한 사람 (원금 보장 X)	돈을 빌려준 사람 (원금 보장 O)
보유증권	주식	채권

주식회사에 투자한 사람들은 두 종류로 나뉜다. 첫 번째는 주주이다. 주주는 기업에 지분 참여를 한 사람들로, 주식을 보유한다. 두 번째는 채권자이다. 채권자는 기업에 돈을 빌려준 사람들로, 기업의 채권을 보유한다.

	주식	채권
의결권	O (회사의 주인)	X (은행)
보유 수익	배당	이자
잔여재산청구권	2순위	1순위

주식과 채권은 다음 세 가지 측면에서 차이가 있다.

(1) 의결권 보유 여부

주식을 보유한 주주는 주식회사의 주인이기 때문에, 주식을 보유하면 의결권을 행사할 수 있다. 반면, **채권은** 빌려준 돈을 받을 권리만 있을 뿐, 의결권을 부여하지는 않는다.

(2) 보유 수익

주식을 보유하면 배당을 받을 수 있다. 회사는 매년 주주들을 소집하여 주주총회를 실시한다. 이 주주총회에서 1년간 벌어들인 이익을 어떻게 사용할지 결정한다. 이 중 주주에게 분배하는 이익을 '배당'이라고 부른다.

반면, **채권을 보유하면 이자를 받을 수 있다.** 채권은 돈을 빌려준 것이기 때문에 돈을 빌려줄 당시 정해진 이자가 있다. 채권을 보유하면 이 이자를 수령할 수 있는 권리가 생긴다.

(3) 잔여재산청구권

채권자는 회사가 청산했을 때 주주에 우선하여 잔여재산을 분배받는다. 이를 잔여재산청구권이라고 부른다. 회사의 주인은 주주로, 채권자는 회사 운영에 개입할 수 없기 때문에 법적으로 잔여재산청구권을 채권자에게 보장해준 것이다. 주주는 잔여재산을 채권자에게 우선 분배한 뒤, 남은 재산을 후순위로 분배받을 수 있다.

3. 주주의 유한책임

주식회사는 법인으로서 주주와는 별도의 인격체이다. 법에서 주식회사에 대해 '법인격'을 부여했기 때문에, 법인 스스로 자산을 취득하고 계약을 체결할 수 있다. 따라서 회사의 모든 권리와 의무 및 재산은 회사 자체에 귀속되는 것이지, 주주에게 귀속되는 것이 아니다.

이로 인해 주주는 무한책임이 아닌 '유한책임'을 지게 된다. 유한책임이란, 주주는 자신이 출자한 자금까지만 책임을 지면 된다는 것을 뜻한다. 회사의 자산보다 부채가 많은 상황을 '자본잠식'이라고 부른다. 자본잠식 상황에서 회사가 파산하는 경우 주주는 자신이 출자한 자금만 잃을 뿐, 회사의 부채까지 상환할 의무가 없다. 주주와 회사는 별도의 인격체로, 회사의 빚은 회사의 빚이지, 주주의 빚이 아니기 때문이다.

2 회계의 정의

1. '정보이용자가 합리적인 의사결정을 할 수 있도록 유용한 정보를 제공하는 것'

주식회사의 실질적인 운영은 경영진이 맡기 때문에 주주나 채권자는 자신이 투자한 돈이 적절하게 쓰이고 있는지 알고 싶을 것이다. 따라서 경영진은 정보이용자들에게 기업의 운영 성과 및 재무상태를 보고할 필요가 있다. 회계는 정보이용자들이 원하는 정보를 제공하는 것이다.

2. '기업의 언어'

'정보이용자들을 위한 유용한 정보를 제공하는 것'은 회계의 사전적 정의이지만, 실무에서는 많은 사람이 입을 모아서 얘기하는 회계의 정의는 '기업의 언어'이다.

우리가 초중고를 거쳐서 영어를 배웠다. 영어를 모르면 영어로 쓰여진 글을 보더라도 이해할 수가 없다. 이처럼 글을 모르는 상태를 문맹이라고 부른다.

회계도 마찬가지이다. 지금은 회계를 모르기 때문에 회계 정보를 보더라도 무엇을 의미하는지 알 수가 없다. 하지만 회계를 배우게 되면 회계정보를 읽었을 때 무엇을 의미하는지 알 수 있고, 여러분이 전하고자 하는 바를 회계를 통해 전달할 수도 있다.

3 회계의 분류

회계는 정보이용자에 따라 크게 재무회계와 관리회계로 나뉜다.

1. 재무회계: 외부정보이용자

재무회계는 주주, 채권자, 잠재적 투자자 등의 외부정보이용자의 경제적 의사결정에 유용한 정보를 제공하는 회계이다. 재무회계는 일반적으로 재무제표로 외부정보이용자에게 공시된다. 수험 목적상으로는 재무회계를 중급회계와 고급회계로 나눈다. 고급회계는 파생상품의 회계처리와 종속기업 등이 있을 때의 회계처리를 다룬다.

2. 관리회계: 내부정보이용자

관리회계는 경영진의 관리적 의사결정에 유용한 정보를 제공하는 회계이다. 관리회계는 재무회계와 달리 재무제표와 같은 특정한 양식이 정해져 있지 않다.

|재무회계 vs 관리회계|

	재무회계	관리회계
정보이용자	외부정보이용자: 주주, 채권자 등	내부정보이용자: 경영진
보고서	재무제표	특정한 양식 X

3. 원가회계

원가회계는 제조기업의 재고자산 및 매출원가를 계산하는 회계를 뜻한다. 재고자산 및 매출원가가 재무제표에 표시되므로 엄밀히 따지면 원가회계도 재무회계의 일부이지만, 편의상 관리회계와 같이 배우고 있다. 이것이 원가관리회계라는 과목이다. 김수석은 재무회계만 다루고, 원가관리회계는 다른 교수가 다룰 것이다.

재무회계는 상기업을 가정하고, 원가회계는 제조기업을 가정한다. 상기업이란 재고를 다른 기업으로부터 구매하여 판매하는 기업을 뜻하고, 제조기업은 재고를 직접 생산하여 판매하는 기업을 뜻한다. 다른 기업으로부터 구입한 상기업의 재고를 상품, 직접 생산한 제조기업의 재고를 제품이라고 부른다.

예를 들어, 두 개의 빵집이 있다고 하자. 한 빵집은 빵을 공장에서 사 와서 팔고, 다른 하나는 빵을 직접 만들어서 판다.

빵을 공장에서 사 와서 파는 빵집은 '상기업'이고, 이 빵집의 빵은 '상품'이 된다. 이 빵집은 '재무회계'만 있으면 정보이용자에게 필요한 정보를 제공할 수 있다.

반면, 빵을 직접 만들어서 파는 빵집은 '제조기업'이고, 만들어진 빵은 '제품'이 된다. 이 빵의 원가를 계산할 때 '원가회계'가 사용된다.

|재무회계 vs 원가회계|

	재무회계	원가회계
가정 기업	상기업 (재고 구입)	제조기업 (재고 생산)
재고 계정	상품	제품

|회계학 과목 구성|

재무회계	원가관리회계
회계원리	
중급회계	원가관리회계
고급회계	

4 | 기업회계기준의 체계

1. 기업회계기준

회계도 일종의 언어라고 설명했었다. 가령, 'apple'이라고 하면 모두가 사과를 떠올린다. 하지만 누군가가 바나나를 'apple'이라고 한다면 다른 사람들은 오해할 것이다. 영어를 쓰는 사람들끼리 사과를 'apple'이라고 약속을 했고, 사람들이 그 약속을 지켜야 의사소통할 수 있는 것이다.

재무회계의 경우 수많은 외부정보이용자가 이용하기 때문에 하나의 통일된 규칙이 있어야 한다. 기업을 운영하면서 발생하는 상황들을 어떻게 기록할 것인지 회계를 작성하는 사람과 읽는 사람 사이의 약속이 필요하다. 이 '약속'이 바로 회계기준이다. 따라서 재무회계에서는 이 회계기준에 대해서 배울 것이다.

2. 일반적으로 인정되는 회계기준 (GAAP, Generally Accepted Accounting Principle)

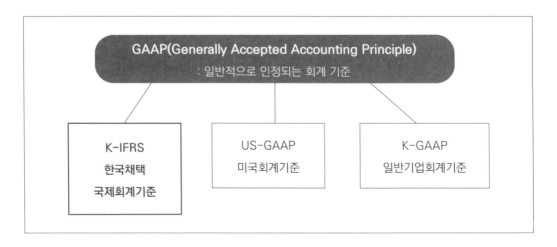

회계에서 일반적으로 통용되는 회계기준들을 통칭하는 용어가 바로 GAAP이다. GAAP은 구체적인 기준서가 아니며, 여러 회계기준을 모두 아우르는 개념이다.

3. 한국채택국제회계기준(K-IFRS, Korean-International Financial Reporting Standards)

한국채택국제회계기준은 국제회계기준위원회(IASB, International Accounting Standards Board)에서 제정한 국제적으로 통일된 회계기준을 의미한다. '한국채택'은 쉽게 말해서 IASB에서 제정한 국제회계기준을 한국어로 '번역'했다는 뜻이다.

(1) K-IFRS 적용의 의의

K-IFRS의 적용으로 인해 우리나라 기업의 재무제표가 해외의 정보이용자에게도 이해가능하게 되면서 **재무제표의 신뢰도가 향상**되었다. 기존에는 통일된 회계기준이 없었기 때문에 우리나라는 자체 회계기준을 사용했고, 해외 정보이용자들은 우리나라에 적용되는 회계기준을 모르기 때문에 재무제표를 보더라도 이해할 수 없었기 때문이다.

(2) K-IFRS의 도입

우리나라는 2011년도부터 모든 상장기업, 금융회사 등이 의무적으로 K-IFRS를 적용하기 시작했다. K-IFRS는 다른 기준에 비해 적용이 어렵기 때문에 상장회사나 금융회사 등 기장 능력이 되는 일정 규모 이상의 기업만 K-IFRS를 적용하며, 모든 기업이 K-IFRS를 적용하는 것은 아니다. 2011년부터 공인회계사, 세무사, 공무원 등 대부분의 회계학 시험은 한국채택국제회계기준에 근거하여 출제하고 있다. 김수석의 모든 교재에서도 한국채택국제회계기준에 따른 회계처리를 설명할 것이다.

4. 일반기업회계기준 (K-GAAP)

일반기업회계기준은 K-IFRS 도입 전 우리나라에서 적용하던 회계기준이다. 하지만 K-IFRS의 도입으로 일반기업회계기준이 사라진 것은 아니다. K-IFRS는 상장회사, 금융회사 등 적용 요건을 충족하는 회사에 한해 적용하기 때문에 그에 해당하지 않는 기업들은 일반기업회계기준을 적용한다. 실무에서 여러분이 맞닥뜨리게 될 대다수 기업은 일반기업회계기준을 적용하고 있을 것이다. 실무에서 일반기업회계기준은 'K-GAAP'이라고도 부른다. K-IFRS와 비교하기 위해 쓰는 명칭으로, '한국에서 일반적으로 인정되는 회계기준'이라는 뜻이다. 실무에서 'K-GAAP'이 일반기업회계기준을 뜻한다는 것 정도는 상식으로 알아두자.

5. 미국회계기준 (US-GAAP)

우리나라에서 적용하는 일반기업회계기준을 'K-GAAP'이라고 부르는 것처럼, 미국회계기준은 'US-GAAP'이라고 부른다. IFRS는 유럽을 중심으로 제정된 회계기준으로, IFRS 제정 당시 미국이 참여하지 않으면서 미국은 별도의 회계기준을 적용한다. 이로 인해 IFRS가 '국제'회계기준이지만 미국이 적용하지 않아 '국제'의 의미가 다소 무색해졌다. US-GAAP은 미국 공인회계사 (AICPA) 시험에서 출제되며, 우리는 다루지 않는다.

5 재무제표 작성 및 감사 과정

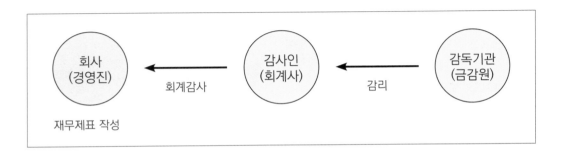

1. 경영진의 재무제표 작성

재무제표는 기업이 외부정보이용자에게 재무정보를 전달하는 대표적인 수단이다. 회사의 경영진이 재무제표를 작성하며, 회사의 경영진에게 재무제표의 작성 책임이 있다.

2. 외부감사인(회계사)에 의한 회계감사

경영진이 회사의 재무제표를 직접 작성하기 때문에 재무제표는 회사에 유리하게 작성될 가능성이 있다. 이를 분식(粉飾)회계라고 부른다. '분식'은 화장이라고 생각하면 된다. 민낯에 화장품을 발라서 더 예쁘게 만드는 것처럼, 회사를 실제 상태보다 더 보기 좋게 꾸미는 것이 분식회계이다. 회계가 회사의 실제 상태보다 좋게 표시될 경우 정보이용자들은 피해를 입을 수 있기 때문에 일정 요건을 충족하는 기업들은 독립적인 제3자에 의해 재무제표의 적정성을 확인받아야 한다. 이를 '회계감사'라고 부른다. 이때 회계사들이 외부감사인으로 회계감사에 참여하게 된다. 많은 사람들이 '회계사가 재무제표를 작성한다.'라고 오해하는데, 원칙적으로는 회계사가 재무제표를 작성해서는 안 된다. 회계사는 재무제표가 회계기준에 의해 적정하게 작성되었는지 확인하는 주체이지, 재무제표를 작성하는 주체가 아니다.

3. 회계감사의 의의 및 한계

기업은 회계감사를 통해 재무제표의 신뢰성을 제고시킬 수 있다. 재무제표가 회계감사를 받았다면 정보이용자들은 재무제표를 믿을만한 정보라고 생각할 것이다. 왜냐하면 재무제표에 포함되어 있는 오류나 부정 등이 회계감사를 통해 적발되었을 가능성이 높기 때문이다.

회계감사 결과 기업의 재무제표가 K-IFRS나 K-GAAP 등의 회계기준에 따라 공정하게 표시하고 있는 경우 감사인은 '적정 의견'을 표명한다. 적정 의견은 단순히 재무제표가 회계기준에 맞추어 표시하고 있다는 것을 의미할 뿐, 재무구조의 건전성 및 투자 안전성에 대한 의견은 아니다. 기업의 재무상태가 안 좋더라도 있는 그대로 회계기준에만 맞추어 작성하면 감사인은 적정 의견을 표명한다.

4. 감독기관(금융감독원)의 감리

현재 우리나라는 감사인 자유수임제를 적용하고 있다. 회사가 재무제표를 감사해줄 감사인을 직접 선임한다는 뜻이다. 회사가 감사인을 선택하고, 감사보수를 지급하는 상황에서 감사인은 독립적인 감사를 수행하기 어렵다. 따라서 금융감독원 등의 감독기관에서는 감사인과 회사의 유착을 방지하기 위하여 감사인에 대한 감리를 수행한다.

6 복식부기와 잔액 및 변동분 개념

1. 단식부기와 복식부기

부기는 기장법을 의미한다. 부기에는 단식부기와 복식부기가 있다. 단식부기는 가계부나 소규모 개인 사업 등에서 반대쪽 없이 한 쪽만 이용해서 기록한 것을 의미한다. 단식부기는 주로 현금 증 감액만을 적는다. 반면, 복식부기는 모든 거래를 양쪽에 기록한다.

단식부기 사례-가계부		복식부기 사례			
1.1 용돈	100,000	1.1	(차) 현금	100,000	(대) 매출	100,000
2.1 통신료	(70,000)	2.1	(차) 통신료	70,000	(대) 현금	70,000
3.1 교통비	(20,000)	3.1	(차) 여비교통비	20,000	(대) 현금	20,000
현금 잔액	10,000				

앞으로 모든 회계처리는 오른쪽 사례와 같이 양변에 나누어 기재할 것이다. 이때, 왼쪽 변을 '차변', 오른쪽 변을 '대변'이라고 부른다.

2. 잔액(저량) vs 변동분(유량)

경제학에 저량과 유량이라는 개념이 있다. 회계학에서도 해당 개념이 굉장히 중요한데, 이를 모르는 분들을 위해 잔액과 변동분이라는 개념을 사용하겠다. 통장을 사례로 이해해보자.

거래 일자	거래 금액	거래 내용	계좌 잔액
X1.1.1	(2,000)	회식비	18,000
X1.1.10	(3,000)	카드비	15,000
X1.1.20	10,000	월급	25,000

전년도 12월 31일 잔액이 20,000이라고 해보자. 여기에 회식비와 카드비로 총 5,000이 출금되고, 월급이 10,000이 입금된 상황이다. 1.1~1.20까지 예금 잔액의 순 증감액은 5,000이고, 1.20 현재 예금 잔액은 25,000이다. 여기서 1.1~1.20까지 순 증감액이 변동분을, 1.20 현재 예금 잔액이 잔액을 의미한다.

변동분은 항상 기간과 함께 제시되며, '언제부터 언제까지' 변동분인지를 언급한다. 반면 **잔액**은 항상 시점과 함께 제시되며, '언제의' 잔액인지를 언급한다.

3. 잔액과 변동분의 관계: 잔액은 변동분의 누적액

잔액은 변동분의 누적액이다. 이를 식으로 표현하면 다음과 같다.

$$
\begin{aligned}
\text{당기초 잔액} &= \text{전기초 잔액} + \text{전기 변동분} \\
\text{당기말 잔액} &= \text{당기초 잔액} + \text{당기 변동분} \\
&= \text{전기초 잔액} + \text{전기 변동분} + \text{당기 변동분} \\
&= \text{전전기초 잔액} + \text{전전기 변동분} + \text{전기 변동분} + \text{당기 변동분} \\
&\ \ \vdots \\
&= \textstyle\sum \text{변동분}
\end{aligned}
$$

당기말 잔액은 당기초 잔액에서 당기 변동분을 더해서 구한다. 그리고 당기초 잔액은 전기초 잔액에서 전기 변동분을 더해서 구했을 것이므로, 이를 무한히 반복하면 잔액은 변동분의 합계로 계산된다.

7 재무제표의 종류 ★중요!

재무제표의 종류는 다음의 5가지이다. 재무제표의 종류는 기본 상식이므로 반드시 외우자. 회계원리에서는 재무상태표와 포괄손익계산서를 중심으로 설명할 것이다. 현금흐름표는 중급회계에서 굉장히 자세히 배울 것이며, 자본변동표와 주석은 출제되지 않기 때문에 설명을 생략할 것이다. 둘은 어떤 것인지만 기억하고 넘어가자.

재무상태표	특정시점 현재 기업의 재무상태를 나타내는 표
포괄손익계산서	회계기간 동안 기업의 재무성과를 나타내는 표
현금흐름표	회계기간 동안의 현금흐름 내역을 나타내는 표로, 유일하게 현금주의 적용
자본변동표	회계기간 동안 기업의 자본 변동 내역을 나타내는 표
주석	재무제표 본문에 표시된 정보를 상세히 기술한 내용

한국채택국제회계기준에 의한 재무제표의 종류가 아닌 것은? (국가직 9급 2012)

① 재무상태표   ② 포괄손익계산서

③ 현금흐름표   ④ 사업보고서

해설

재무제표에는 재무상태표, 포괄손익계산서, 현금흐름표, 자본변동표, 주석이 있다.   目 ④

8 재무상태표(B/S)

재무상태표는 특정시점 현재 기업의 재무상태를 나타내는 표로, 재무상태는 자산, 부채 및 자본을 의미한다.

영어로는 현재 'Statement of Financial Position'라고 부르지만, 과거에는 'B/S: Balance Sheet'라고 불렀다. 실무에서는 B/S라는 표현을 더 많이 사용한다.

1. 재무상태표 요소

(1) 자산

자산은 과거 사건의 결과로 기업이 통제하고 있는 현재의 경제적자원이다. 쉽게 말해서 기업의 재산을 말한다. 현금, 매출채권, 제품, 건물, 주식 등이 있으며, 기업은 자산을 통해 미래 현금유입을 창출한다.

(2) 부채

부채는 과거 사건의 결과로 기업이 경제적자원을 이전해야 하는 현재의무이다. 쉽게 말해서 기업의 빚을 말한다. 매입채무, 차입금, 사채 등이 있으며, 기업은 부채로 인해 미래 현금유출이 발생한다.

(3) 자본(=순자산)

자본은 기업의 자산에서 부채를 차감한 후의 잔여지분이다. 채권자는 잔여재산청구권이 있으며, 회사가 청산했을 때에는 주주에 우선하여 잔여재산을 분배받는다고 설명한 바 있다. 채권자가 주주에 우선하기 때문에 자본은 '자산에서 부채를 뺀 나머지 금액'이며, 자산에서 부채를 차감해서 구하기 때문에 '순자산'이라고도 부른다.

자본은 크게 5가지로 구성된다. 자세한 내용은 '자본' 장에서 다룰 것이며, 지금은 주주의 투자액 (자본금)과, 기업이 벌어들인 이익 (이익잉여금)으로 구성된다고만 기억하자.

2. 재무상태표 항등식

$$자산 = 부채 + 자본$$
$$자본(순자산) = 자산 - 부채$$

재무상태표

㈜김수석			20X1.12.31
자 산	30,000	부 채	20,000
		자 본	10,000
자산 총계	30,000	부채와 자본 총계	30,000

(1) 대변: 부채와 자본-투자자들의 투자액

기업을 운영하기 위해서는 자금이 필요하다. 자금은 채권자와 주주로부터 조달한다. 채권자가 투자한 돈은 원금 상환의 의무가 있는 부채가 되며, 주주가 투자한 돈은 원금 상환의 의무가 없는 자본이 된다.

(2) 차변: 자산-투자액의 활용 내역

차변은 '투자자로부터 받은 돈을 어디에 썼는지'를 보여준다.

3. 재무상태표 계정과목

계정, 혹은 계정과목이란 재무제표에 표시되는 자산, 부채, 자본, 수익, 비용별로 그 증감을 표시하기 위하여 설정한 단위를 의미한다. 다음은 재무상태표에 표시되는 자산, 부채 및 자본의 계정과목이다.

(1) 자산 계정과목

① 현금: 지폐와 동전 및 수표, 예금 등
② 재고자산: 회사의 영업활동과 관련하여 판매를 목적으로 보유하는 자산. 재고자산의 판매가 이루어지면 **매출원가**라는 계정으로 비용 처리한다.
③ 매출채권: 재고자산의 매출이 외상으로 이루어진 경우 대금을 지급받을 권리
④ 토지: 회사가 소유하고 있는 땅
⑤ 건물: 회사가 소유하고 있는 본사 사무실 및 공장 등
⑥ 기계장치: 회사가 제품의 생산 등을 위해 보유하는 기계
⑦ 차량운반구: 회사가 영업을 위해 보유하는 승용차, 트럭 등의 차량
⑧ 미수금: 재고자산을 제외한 자산의 처분이 외상으로 이루어진 경우 대금을 지급받을 권리
⑨ 소모품: 영업을 위해 구입한 사무용품 등
⑩ 대여금: 자금을 빌려주어 발생한 권리

(2) 부채 계정과목

① 매입채무: 재고자산의 매입이 외상으로 이루어진 경우 대금을 지급해야 할 의무
② 미지급금: 재고자산을 제외한 자산의 매입이 외상으로 이루어진 경우 대금을 지급해야 할 의무
③ 차입금: 자금을 빌려 대금을 지급해야 할 의무
④ 사채(社債): 기업이 자금을 조달하기 위해 채권을 발행한 경우 부담하게 되는 부채. 돈을 빌린 것이라는 점에서 차입금과 유사하다.

(3) 자본 계정과목

① 자본금: 주주가 출자한 금액
② 이익잉여금: 당기순이익의 누적액. 투자 및 배당의 재원이 된다.

4. 재무상태표로 보는 기업의 운영과정

재무상태표	
자산 　— 현금 　— 토지, 건물, 기계장치 　— 재고자산 　— 매출채권	**부채** 　—사채, 차입금 **자본** 　—자본금, 이익잉여금

① 주주와 채권자로부터 자금을 조달한다.

② 조달한 자금을 바탕으로 토지, 건물, 기계장치 등을 매입하는 투자를 한다.

③ 생산설비에서 재고를 생산한다.

④ 재고를 원가보다 비싸게 판다.

⑤ 고객으로부터 현금을 회수한다.

⑥ 최초에 조달한 자금보다 더 많은 돈을 벌어 채권자에게 원금과 이자를 상환하고, 주주에게 이익을 분배한다.

위 과정에서 자산은 크게 현금, 투자자산, 재고자산, 매출채권으로 나뉜다. 따라서 재무상태표 상 자산 내역을 보면 투자자로부터 받은 돈이 어떻게 쓰였는지 알 수 있다.

9 포괄손익계산서(I/S, Income Statement, PL, statement of Profit and Loss)

포괄손익계산서란 회계기간 동안 기업의 재무성과를 나타내는 표를 말한다. 재무성과는 수익에서 비용을 차감하여 이익을 계산하는 형태로 표시된다. 한국채택국제회계기준 상 정식 명칭은 '포괄' 손익계산서이지만, 본 교재와 강의에서는 편의상 손익계산서(I/S)라고 부를 것이다.

포괄손익계산서

㈜김수석	20X1.1.1 ~ 20X1.12.31
수익	50,000
비용	(40,000)
당기순이익	10,000
기타포괄이익	20,000
총포괄이익	30,000

1. 포괄손익계산서 요소

(1) 자본거래와 손익거래

자본은 두 가지 이유로 변동한다. 1) 지분참여자(주주)의 투자액에 의해 증가하거나, 2) 투자액을 바탕으로 고객으로부터 돈을 벌어들임으로써 증가한다. 전자의 지분참여자와의 거래를 자본 거래, 후자의 고객과의 거래를 손익 거래라고 부른다.

(2) 수익

수익은 자산의 유입이나 증가 또는 부채의 감소에 따라 1) 자본의 증가를 초래하는 특정 회계기간 동안에 발생한 경제적효익의 증가로서, 2) 지분참여자에 의한 출연과 관련된 것은 제외한다.

(3) 비용

비용은 자산의 유출이나 소멸 또는 부채의 증가에 따라 자본의 감소를 초래하는 특정 회계기간 동안에 발생한 경제적효익의 감소로서, 지분참여자에 대한 분배와 관련된 것은 제외한다.

회사는 벌어들인 이익을 지분참여자에게 분배하는데, 이를 배당이라고 부른다. 주주로부터의 투자를 수익으로 보지 않듯이, 배당도 비용으로 보지 않는다.

2. 당기순이익과 기타포괄이익

포괄손익계산서는 수익에서 비용을 차감하여 이익을 계산하는 형태로 표시된다고 설명했다. 수익에서 비용을 차감한 이익을 회계학에서는 '총포괄이익'이라고 부른다.

(1) 총포괄이익(CI, Comprehensive Income)

$$총포괄이익(CI) = 당기순이익(NI) + 기타포괄이익(OCI)$$

총포괄이익은 두 가지 이익의 합으로 구성되어 있다. '당기순이익'과 '기타포괄이익'이 그것이다.

(2) 기타포괄이익(OCI, Other Comprehensive Income)

다양한 수익, 비용 가운데 기준서에서 기타포괄손익 항목으로 규정한 것들이 있다. 기타포괄이익은 기준서에서 나열하고 있는 다음의 항목에 한정된다. 다음 항목이 아닌 것은 전부 당기손익 항목이다.

구분	설명
① 재평가잉여금	유·무형자산의 재평가모형 적용 시 평가이익
② FVOCI 금융자산 (지분상품) 평가손익	FVOCI 금융자산(지분상품)의 공정가치 평가손익
③ 재측정요소	확정급여제도 적용 시 확정급여부채 및 사외적립자산의 평가손익
④ FVPL 지정 금융부채 평가손익	FVPL 지정 금융부채의 신용위험 변동에 따른 공정가치 평가손익
⑤ FVOCI 금융자산 (채무상품) 평가손익	FVOCI 금융자산(채무상품)의 공정가치 평가손익
⑥ 해외사업장환산차이	기능통화로 작성된 재무제표를 표시통화로 환산하는 과정에서 발생하는 외환차이
⑦ 위험회피적립금	파생상품에 대해 현금흐름위험회피회계를 적용하는 경우 파생상품 평가손익 중 효과적인 부분
⑧ 지분법자본변동	관계기업이 인식한 기타포괄손익 중 지분율에 비례하는 부분

각 기타포괄이익 항목은 중급회계, 고급회계에서 다룰 것이다. 지금은 이름만 한 번 읽어보고 넘어가자.

(3) 당기순이익(NI, Net Income)

한 기간에 인식되는 모든 수익과 비용은 K-IFRS가 달리 정하지 않는 한 당기손익(PL, Profit and Loss)으로 인식한다. 앞에서 나열한 8가지 OCI 항목을 제외한 모든 수익과 비용은 당기손익으로 인식한다는 뜻이다. 당기순이익은 당기손익에 해당하는 수익에서 당기손익에 해당하는 비용을 차감한 이익을 의미한다.

PL에 해당하는 수익 − PL에 해당하는 비용 = NI(당기순이익)

OCI에 해당하는 수익 − OCI에 해당하는 비용 = OCI(기타포괄이익)

CI(총포괄이익)

3. 기타포괄이익의 표시 방법

기타포괄이익 항목들을 보면 대부분 시세 변동으로 인한 차익이다. 시세는 경영자가 통제할 수 없는 변수이므로 회사는 기타포괄이익을 당기순이익과 함께 표시하는 것을 꺼리기도 한다.
이에 IASB는 기타포괄이익을 단일의 보고서로 표시(단일보고방법)할 수도 있고, 별도의 보고서로 분리해서 표시(별도보고방법)할 수도 있게 하였다.

(1) 단일보고방법: 수험 목적

포괄손익계산서
수익
(비용)
당기순이익(NI)
기타포괄이익(OCI)
총포괄이익(CI)

단일보고방법은 하나의 표에 기타포괄이익까지 반영하여 총포괄이익을 표시하는 방식이다. 앞서 제시한 사례가 단일보고방법이다. 수험 목적상으로는 편의상 단일보고방법의 손익계산서 형태를 기억하는 것이 좋다.

(2) 별도보고방법: 실무

손익계산서
수익
(비용)
당기순이익(NI)

포괄손익계산서
당기순이익(NI)
기타포괄이익(OCI)
총포괄이익(CI)

실무에서는 대부분 별도보고방법에 따라 당기순이익까지만 표시한 손익계산서를 재무제표 본문에 공시한 뒤, 기타포괄이익을 더한 총포괄이익을 주석에 공시한다.

4. 손익계산서의 구조

포괄손익계산서
매출액
(매출원가)
매출총이익
(판매비와관리비)
영업이익
영업외손익
법인세비용차감전순이익
(법인세비용)
당기순이익(NI)
기타포괄이익(OCI)
총포괄이익(CI)

(1) 매출총이익: 매출액-매출원가

매출총이익이란, 매출액에서 매출원가를 차감한 이익을 말한다. 매출액은 재고자산 판매액을 의미하고, 매출원가는 판매된 재고자산의 원가를 의미한다. 쉽게 말해서, 매출액은 '얼마에 팔았는지'이고, 매출원가는 '얼마짜리를 팔았는지'이다.

(2) 영업이익(OI, Operating Income): 매출액-매출원가-판관비

영업이익이란, 매출액에서 매출원가 및 판매비와관리비를 차감한 이익을 뜻한다. 쉽게 말해서, 회사의 영업과 관련된 수익에서 영업과 관련된 비용을 차감한 이익이라고 생각하면 된다. '영업과의 관련성 유무'는 회사의 영업에 따라 달라진다. 일반적으로 회계는 제조기업을 가정하는데, 재고자산 판매를 통해 얻은 수익(매출액), 재고자산을 제조하는데 든 원가(매출원가), 판매하는데 든 원가(판관비) 등이 영업이익 계산 시에 반영된다.

국제회계기준에서는 영업손익의 구분표시를 요구하지 않는다. 그러나 한국회계기준위원회에서는 한국채택국제회계기준을 개정하여 영업손익을 포괄손익계산서에 구분표시 하도록 하였다. 문제는 K-IFRS를 전제로 출제되므로 '영업손익을 구분 표시해야 한다.'라고 기억하자.

(3) 영업외손익

영업외손익은 영업손익의 반대말로, 영업과 무관한 손익을 의미한다. 영업외손익의 대표적인 사례는 이자손익, 유형자산처분손익 등이 있다. 회사가 은행이라면 이자수익이 매출액으로, 이자비용이 매출원가로 표시될 것이다. 회사가 부동산 판매 회사라면 토지 및 건물 처분액과 취득원가가 각각 매출액과 매출원가로 표시될 것이다. 하지만 회사가 은행이나 부동산 판매 회사가 아니라면 이자손익과 유형자산처분손익은 주 영업활동이 아니기 때문에 영업외손익에 해당한다.

(4) 법인세비용차감전순이익(EBT, Earning Before Tax)

$$\text{EBT = 영업이익 + 영업외손익 = NI + 법인세비용}$$

살면서 피하지 못하는 두 가지가 있다. 바로 '죽음과 세금'이다. 회사도 예외는 아니다. 회사를 운영하면서 이익이 발생하면 '법인세'라는 세금을 내야 한다.

법인세는 영업이익에 영업외손익을 반영한 이익을 바탕으로 계산한다. 이 이익에 회계기준과 세법과의 차이를 조정한 뒤, 세율을 곱해서 법인세비용을 구한다. 이 이익은 법인세비용을 차감하기 전의 이익이므로 '법인세비용차감전순이익'이라고 부른다. 법인세비용을 계산하는 방법은 재무회계에서 자세히 배울 것이다.

5. 손익계산서 계정과목

(1) 수익 계정과목

 ① 매출: 재고자산(상품 및 제품)을 판매한 금액
 ② 임대료: 토지나 건물을 타인에게 사용하도록 하는 경우 발생하는 수익
 ③ 이자수익: 예금이나 대여금에서 발생하는 수익

(2) 비용 계정과목

 ① 매출원가: 판매한 상품 및 제품 등의 원가
 ② 임차료: 토지나 건물을 타인으로부터 사용하는 경우 발생하는 비용
 ③ 이자비용: 차입금에서 발생하는 비용
 ④ 급여: 기업에 근무하는 임직원에게 지급하는 임금, 제수당 등. 기업이 다른 기업에 근무하면서 일을 하면서 급여를 받을 수는 없기 때문에 급여는 수익이 아닌 비용에 해당한다.
 ⑤ 퇴직급여: 직원의 퇴직과 관련하여 인식한 비용
 ⑥ 복리후생비: 직원들의 복지를 위해 발생한 비용
 ⑦ 교육훈련비: 직원의 교육과 훈련을 위해 지출한 비용
 ⑧ 감가상각비: 감가상각대상 자산의 원가를 기간 배분한 금액
 ⑨ 수선비: 건물, 기계장치 등의 수리비
 ⑩ 광고선전비: 판매촉진을 위해 광고 등으로 지출한 비용
 ⑪ 법인세비용: 법인세와 관련하여 발생한 비용

(3) 손익 계정과목

 '손익'은 손실과 이익을 모두 아우르는 표현이다. 비용에 해당하면 '~손실'이라고 부르고, 수익에 해당하면 '~이익'이라고 부른다.
 ① 유형자산처분손익: 유형자산 처분 시 발생한 이익 및 손실. 유형자산을 비싸게 팔면 유형자산처분이익이, 싸게 팔면 유형자산처분손실이 발생한다.
 ② 사채상환손익: 사채 상환 시 발생한 이익 및 손실. 사채를 비싸게 갚으면 사채상환손실이, 싸게 갚으면 사채상환이익이 발생한다.

10 나머지 재무제표들

1. 현금흐름표

현금흐름표는 재무제표의 구성요소로, 일정 기간 동안 기업의 현금유출입에 대한 정보를 제공한다. 현금흐름표는 다음과 같은 형태를 띤다.

현금흐름표

X1.1.1~X1.12.31	㈜김수석
Ⅰ 영업활동 현금흐름	1,000,000
Ⅱ 투자활동 현금흐름	2,000,000
Ⅲ 재무활동 현금흐름	3,000,000
Ⅳ 현금의 증감	6,000,000
Ⅴ 기초의 현금	1,500,000
Ⅵ 기말의 현금	7,500,000

현금흐름은 영업활동 현금흐름, 투자활동 현금흐름, 재무활동 현금흐름 3가지로 나뉜다. 3가지 현금흐름의 합을 구한 뒤, 기초의 현금에 가산하여 기말의 현금을 구하는 형식이다. 현금흐름표를 정확히 그렸다면 현금의 증감을 가산한 기말의 현금이 재무상태표 상 현금과 일치해야 한다. 현금흐름표는 회계사, 세무사 관계없이 자주 출제되는 아주 중요한 주제이다. 현금흐름표의 자세한 내용은 중급회계에서 다룰 것이다.

2. 자본변동표

자본변동표는 재무제표의 구성요소로, 일정 기간 동안 자본의 변동에 대한 정보를 제공한다. 현금흐름표가 현금흐름을 표시하듯, 자본변동표는 '자본의 변동내역을 표시한다'는 것만 기억하면 된다. 자본변동표는 출제되지 않는 편이다.

3. 주석(notes)

주석은 재무제표 본문에 표시된 정보에 대해서 부가 설명을 하고 싶은 경우 기호를 붙이고 그 내용을 기재하는 재무제표이다.

11 회계의 기본 원칙들

앞으로 서술할 내용은 회계의 근간이 되는 기본 원칙으로, 각 회계처리를 배울 때 도움이 되므로 알아두자.

1. 현금기준과 발생기준

현금기준(or 현금주의)은 현금흐름이 발생한 시점에 수익과 비용을 인식하는 기준이다. 발생기준(or 발생주의)은 현금기준과 반대되는 개념으로, **현금흐름과 관계없이 재무상태를 변동시키는 시점에 수익과 비용을 인식하는 기준이다.**

예를 들어, 급여수령일이 매 다음 달 5일이라고 하자. 그렇다면 12월 급여는 다음 해 1월 5일에 입금될 것이다. 현금기준을 적용하면 12월 급여를 현금이 들어온 1월에 수익으로 인식한다. 하지만 발생기준을 적용하면 근무를 제공한 12월에 수익으로 인식한다. 회계는 현금기준이 아닌 발생기준을 중심으로 이루어진다.

"기업은 현금흐름 정보를 제외하고는 발생기준 회계를 사용하여 재무제표를 작성한다."

시험에 종종 출제되는 문장이다. 반드시 기억해두자. 현금흐름표는 현금기준을 적용하지만 나머지 재무제표는 발생기준을 적용한다는 뜻이다. 자세한 발생기준 회계처리는 2장에서 다룰 것이다.

2. 수익-비용 대응 원칙

수익-비용 대응 원칙은 비용 인식 시점을 수익 인식 시점에 대응시킨다는 원칙이다. 비용은 '관련 수익을 만들기 위해' 발생한 것이므로 수익과 비용이 같은 시점에 계상되어야 논리적이다. 수익과 비용이 다른 시점에 계상되면 손익은 변동성이 클 것이고, 유용한 정보를 제공할 수도 없다. 여기서 수익-비용 대응 원칙은 '수익에 비용을 맞추는 것'이지, 그 반대가 아니다. 회계기준에 수익 기준서는 있지만 비용 기준서는 없는 이유이다.

3. 보수주의

보수주의는 자산과 수익은 낮게, 부채와 비용은 크게 계상하자는 주의이다. 쉽게 말해서, '애매하면 회사를 안 좋게 보여주자.'는 태도로, 이는 투자자 등 재무정보이용자들을 보호하기 위한 원칙이다. 회사를 나쁘게 보여주면 회사가 투자를 받을 수 있는 기회를 잃는 정도에서 그치지만, 회사를 실제보다 좋게 보여주면 재무정보를 믿고 투자한 투자자들에게 큰 손실을 야기할 수 있다. 이는 엄청난 사회적 혼란으로 이어질 수 있다. 따라서 회계는 보수주의를 띠며, 이는 재고자산 저가법, 원가모형 손상차손 등의 회계처리에 반영된다.

복식부기와 재무제표
작성 과정

02 복식부기와 재무제표 작성 과정

1 분개

회계상 거래를 복식부기의 원리에 따라 계정과목과 금액을 차변과 대변에 기록하는 것을 회계처리, 혹은 분개라고 표현한다.

1. 재무상태표 항등식과 복식부기

재무상태표

㈜김수석			20X1.12.31
자산	✕✕✕	부채	✕✕✕
		자본	✕✕✕

	차변	대변
자산	**증가**	감소
부채	감소	**증가**
자본	감소	**증가**
수익	감소	**증가**
비용	**증가**	감소

복식부기는 재무상태표 항등식에 기초하여 적용한다. 원래 표시되는 위치에 계상되면 증가를, 반대 위치에 계상되면 감소를 의미한다. '계상'이란 계산하여 장부에 표시하는 것을 의미한다. 자산은 재무상태표 왼쪽에 표시되므로 자산의 증가는 차변에 기록한다. 같은 논리로 부채와 자본은 재무상태표 오른쪽에 표시되므로 부채와 자본의 증가는 대변에 기록한다. 자산의 감소는 대변에, 부채와 자본의 감소는 차변에 기록한다.

수익에서 비용을 차감한 당기순이익은 자본으로 계상된다. 따라서 수익은 자본과 동일하게 대변에, 비용은 그 반대로 차변에 기록한다. 반대로 수익의 감소는 차변에, 비용의 감소는 대변에 기록한다. 예를 들어, 차변에 현금이 계상되었을 때, '이게 자산의 증가로 차변에 온 것인지, 비용의 증가로 차변에 온 것인지' 헷갈릴 수 있다.

그런데, 특정 계정은 자산 '또는' 비용이지, 자산'이면서' 동시에 비용인 계정은 없다. 현금은 자산 계정으로, 비용 계정이 아니다. 각 계정이 자산인지, 비용인지 정확히 숙지하면 위와 같은 의문은 들지 않을 것이다.

마찬가지로, 대변에 표시되었을 때 증가하는 것은 부채, 자본 혹은 수익이다. 특정 계정이 부채, 자본이면서 동시에 수익일 수는 없다.

2. 재무상태표에서 수익과 비용: 자본(이익잉여금)

포괄손익계산서 항목인 수익과 비용은 재무상태표에서는 **자본에** 해당한다. 수익에서 비용을 차감한 당기순이익을 자본 항목인 이익잉여금으로 집계하기 때문이다. 자세한 집계 과정은 후술할 것이다. 우선은 수익과 비용은 자본이 된다는 것을 기억하자. 수익과 비용은 별도로 구분하여 기록한 뒤, 변동 내역을 보여주는 포괄손익계산서에 표시된다.

시산표		포괄손익계산서(I/S)
자산 100,000	부채 50,000	수익 30,000
	자본 40,000	비용 20,000
비용 20,000	수익 30,000	당기순이익 10,000
계 120,000	계 120,000	

재무상태표(B/S)	
자산 100,000	부채 50,000
	자본 50,000
계 100,000	계 100,000

3. 대차평균의 원리

모든 거래는 항상 재무상태표 항등식을 지키면서 재무상태표를 변화시킨다. 재무상태표 항등식을 지키면 대차평균의 원리가 성립한다. 대차평균의 원리란, **대변 합계와 차변 합계가 항상 일치하는** 것을 의미한다. 특정 시점을 표현하는 재무상태표 뿐 아니라 모든 회계처리도 대차가 일치해야 한다. 다음은 일반적인 거래들을 재무상태표로 표시한 것이다. 어느 회계처리를 보더라도 대차가 일치하는 것을 알 수 있다.

(1) 자산 변동

| | 자산 증가 | | | 자산 감소 | | | 자산 불변 | |
	차변	대변		차변	대변		차변	대변
차입	자산 ↑	부채 ↑	상환	자산 ↓	부채 ↓	자산 구입	현금 ↓ 자산 ↑	부채
		자본			자본			자본
증자	자산 ↑	부채	감자	자산 ↓	부채	채권 회수	현금 ↑ 자산 ↓	부채
		자본 ↑			자본 ↓			자본
수익	자산 ↑	부채	비용	자산 ↓	부채			
		자본 ↑			자본 ↓			

1) 자산 증가

자산이 증가하기 위해서는 두 가지 방법이 있다. 부채가 증가하거나, 자본이 증가하거나. 부채를 차입하거나, 증자를 통해 자본을 증가시키면 현금이 증가하면서 자산이 증가한다. 위에서 수익과 비용도 자본 항목이라고 설명했는데, 수익을 통해 자본을 증가시켜도 자산이 증가한다.

2) 자산 감소

자산이 감소하기 위해서는 부채가 감소하거나, 자본이 감소하면 된다. 부채를 상환하거나, 주주에게 지분을 돌려주어 자본을 감소시키면(감자) 자산이 감소한다. 비용을 통해 자본을 감소시켜도 자산이 감소한다.

3) 자산 불변

총자산은 불변인 상태에서 계정만 바뀌는 경우도 있는데, 자산의 구입 및 채권의 회수 등이 대표적인 예이다. 차변이 불변이므로 대변도 불변이다.

(2) 부채 변동

	부채 증가				부채 감소	
	차변	대변			차변	대변
차입	자산 ↑	부채 ↑ 자본	상환		자산 ↓	부채 ↓ 자본
N/A	자산	부채 ↑ 자본 ↓	출자 전환		자산	부채 ↓ 자본 ↑
비용	자산	부채 ↑ 자본 ↓	수익		자산	부채 ↓ 자본 ↑

부채의 변동도 재무상태표를 생각하면 쉽게 파악할 수 있다. 부채 내에서 계정 재분류로 부채가 불변인 거래도 있지만 중요하지 않으므로 생략한다.

✏예제 1

㈜김수석은 20X1년 1월 1일에 설립되어 다음의 거래가 발생하였다. 각 일자별 거래를 복식부기로 회계처리 하시오.

(1) 1.1 주주들이 현금 ₩100,000을 출자하여 ㈜김수석을 설립하였다.

(2) 2.1 은행으로부터 현금 ₩50,000을 차입하였다.

(3) 3.1 본사 건물을 ₩30,000에 구입하였다.

(4) 3.22 상품을 ₩20,000에 현금으로 구입하였다.

(5) 4.19 원가 ₩12,000의 상품을 ₩30,000에 현금으로 판매하였다.

(6) 5.18 상품을 ₩30,000에 외상으로 구입하였다.

(7) 5.28 원가 ₩15,000의 상품을 ₩35,000에 외상으로 판매하였다.

(8) 6.25 외상 구입대금 중 ₩25,000을 현금으로 지급하였다.

(9) 7.1 외상 판매대금 중 ₩16,000을 현금으로 회수하였다.

(10) 8.15 직원급여 ₩12,000을 지급하였다.

(11) 9.1 광고선전비로 ₩5,000을 지급하였다.

(12) 11.17 차입금 중 ₩20,000을 상환하였다.

(13) 12.24 차입금에 대한 이자비용 ₩2,000을 지급하였다.

(14) 12.31 본사 건물에 대해서 ₩10,000의 감가상각비를 인식하였다.

해설				
(1)	(차) 현금	100,000	(대) 자본금	100,000
(2)	(차) 현금	50,000	(대) 차입금	50,000
(3)	(차) 건물	30,000	(대) 현금	30,000
(4)	(차) 상품	20,000	(대) 현금	20,000
(5)	(차) 현금	30,000	(대) 매출	30,000
	(차) 매출원가	12,000	(대) 상품	12,000
(6)	(차) 상품	30,000	(대) 매입채무	30,000
(7)	(차) 매출채권	35,000	(대) 매출	35,000
	(차) 매출원가	15,000	(대) 상품	15,000
(8)	(차) 매입채무	25,000	(대) 현금	25,000
(9)	(차) 현금	16,000	(대) 매출채권	16,000
(10)	(차) 직원급여	12,000	(대) 현금	12,000
(11)	(차) 광고선전비	5,000	(대) 현금	5,000
(12)	(차) 차입금	20,000	(대) 현금	20,000
(13)	(차) 이자비용	2,000	(대) 현금	2,000
(14)	(차) 감가상각비	10,000	(대) 건물	10,000

2 재무제표 작성 과정 ★중요!

앞에서 배운 회계처리는 각 거래가 발생할 때마다 매일매일 기록하고, 12.31까지 1년동안 이루어진 모든 회계처리에 대해 그 다음해 1~2월쯤 결산을 수행한다. 이 결산 과정이 곧 재무제표 작성 과정이다.

1. 총계정원장

원장은 각 계정별 변동 내역을 정리한 표를 말한다. 회계처리는 모든 거래가 기록되어 '계정별' 변동을 파악하기 어렵기 때문에 각 계정의 변동 내역을 계정별로 하나씩 표로 만든다. 이때 각 계정별로 만든 표를 '계정별 원장'이라고 부르며, 모든 계정의 계정별 원장을 묶어서 '총계정원장'이라고 부른다. 총계정원장을 보면 자산, 부채, 자본의 증감 및 잔액을 파악할 수 있다. 수익, 비용은 발생 내역과 합계를 파악할 수 있다.

위의 예제처럼 회계처리가 끝나면 계정별 원장에 옮겨 적는데, 이를 전기라고 한다. 원장은 다음과 같이 T계정으로 작성한다. **전기는 회계처리와 같은 변에 이루어진다.** 전기 시에는 회계처리의 금액과 적요를 적는데, 적요는 회계처리의 상대 변 계정을 적는다. 다음은 '현금 100,000 / 매출 100,000' 회계처리를 현금 원장과 매출 원장에 전기하는 과정이다.

현금				매출		
매출	100,000				현금	100,000

현금이 차변에 계상되었으므로 현금 원장의 차변에, 매출이 대변에 계상되었으므로 매출 원장의 대변에 전기한다. 여기서 적요에 상대 변의 계정을 적는 것에 주목하자. 적요는 그 계정의 증감 원인을 말한다. 현금은 매출로 인해 증가했고, 매출은 현금으로 인해 증가했다. 이처럼 원장 적요에는 상대 변 계정을 적어야 한다.

현금				매출		
매출	100,000	차기이월	100,000	집합손익	100,000	현금	100,000

기중 거래를 위 방식대로 적고, 재무상태표 계정의 경우 '차기이월'로, 손익계산서 계정의 경우 '집합손익'을 계상해서 대차를 맞춰준다. 차기이월과 집합손익을 적으면 잔액이 얼마인지 파악하기 쉽다.

차기이월이란 다음 기(내년)로 넘기는(이월) 금액이라는 뜻이다. 재무상태표 상에는 각 계정이 차기이월 금액으로 계상된다.

집합손익은 당기 중에 발생한 손익의 금액을 전부 모은(집합) 것을 의미한다. 집합손익은 포괄손익계산서에 당기순이익으로 계상된다.

예제 2

예제 1의 거래를 총계정원장에 전기하시오.

해설

현금			
자본금	100,000	건물	30,000
차입금	50,000	상품	20,000
매출	30,000	매입채무	25,000
매출채권	16,000	직원급여	12,000
		광고선전비	5,000
		차입금	20,000
		이자비용	2,000
		차기이월	82,000

자본금			
차기이월	100,000	현금	100,000

차입금			
현금	20,000	현금	50,000
차기이월	30,000		

건물			
현금	30,000	감가비	10,000
		차기이월	20,000

상품			
현금	20,000	매출원가	12,000
매입채무	30,000	매출원가	15,000
		차기이월	23,000

매입채무			
현금	25,000	상품	30,000
차기이월	5,000		

매출채권			
매출	35,000	현금	16,000
		차기이월	19,000

매출			
집합손익	65,000	현금	30,000
		매출채권	35,000

매출원가			
상품	12,000	집합손익	27,000
상품	15,000		

직원급여			
현금	12,000	집합손익	12,000

광고선전비			
현금	5,000	집합손익	5,000

이자비용			
현금	2,000	집합손익	2,000

감가상각비			
건물	10,000	집합손익	10,000

2. 시산표

시산표란 모든 계정의 원장 잔액을 집계한 표를 말한다. 재무제표 작성 전에 차변 합계와 대변 합계의 일치를 확인하기 위한 목적으로 시산표를 작성한다. 시산표는 재무상태표와 포괄손익계산서를 합쳐 놓은 형태로, 다음 등식의 형태를 띤다.

시산표 등식 : 자산 + 비용 = 부채 + 자본 + 수익

시산표

현금	82,000	매입채무	5,000
건물	20,000	차입금	30,000
상품	23,000	자본금	100,000
매출채권	19,000	매출	65,000
매출원가	27,000		
직원급여	12,000		
광고선전비	5,000		
이자비용	2,000		
감가상각비	10,000		
합계	200,000	합계	200,000

3. 포괄손익계산서 작성

포괄손익계산서는 시산표의 수익, 비용 항목들을 일정한 순서대로 배열하여 수익에서 비용을 차감한 이익을 보여주는 형태로 작성하면 된다. 계산 결과인 당기순이익은 자본 항목인 이익잉여금으로 집계된다.

포괄손익계산서

매출	65,000
매출원가	(27,000)
매출총이익	38,000
직원급여	(12,000)
광고선전비	(5,000)
이자비용	(2,000)
감가상각비	(10,000)
당기순이익	9,000 → 이익잉여금에 가산

4. 포괄손익계산서 계정의 마감: 집합손익과 이익잉여금

기중에 거래를 통해 계상한 손익 계정들은 전부 제거되어야 한다. 재무상태표 항목들은 누적액을 표현한 것이므로 당기 기말 잔액이 차기 기초 잔액으로 계속해서 계상되지만 손익계산서 계정은 변동액을 표현한 것이므로 보고기간이 종료되면 0이 되어야 한다. 마감 과정은 다음의 과정을 거치며, 예제를 이용해서 설명하겠다.

Step 1. 역분개를 통해 모든 손익 계정들을 집합손익으로 계상하기

(차) 매출	65,000	(대) 매출원가	27,000
		(대) 직원급여	12,000
		(대) 광고선전비	5,000
		(대) 이자비용	2,000
		(대) 감가상각비	10,000
		(대) 집합손익	9,000

집합손익은 손익 계정을 마감하기 위해 사용하는 임시 계정으로, 당기순이익과 동일한 금액이다. 당기에 발생한 모든 손익 계정을 집합손익에 귀속시킨 뒤, Step 2에서 이익잉여금으로 대체된다.

Step 2. 집합손익을 이익잉여금으로 대체하기

(차) 집합손익	9,000	(대) 이익잉여금	9,000

집합손익을 이익잉여금으로 대체해주면 손익 계정 마감이 완료된다. 예제에서는 X1년에 영업을 시작하여 이익잉여금이 없었지만, 이익잉여금이 있는 상태였다면 기존 이익잉여금을 더한 금액을 기말 이익잉여금으로 재무상태표에 계상해주면 된다.

5. 재무상태표 작성

재무상태표

자산		부채	
현금	82,000	매입채무	5,000
건물	20,000	차입금	30,000
상품	23,000	자본	
매출채권	19,000	자본금	100,000
		이익잉여금	**9,000**
자산 총계	144,000	부채 및 자본 총계	144,000

이익잉여금을 반영한 재무상태표이다. 시산표와 비교해보면, 손익 계정이 이익잉여금 한 줄로 표시된 시산표라고 할 수 있겠다. 시산표는 손익 계정 마감 전이어서, 손익 계정이 그대로 계상되어 있지만 재무상태표에는 손익 계정이 이익잉여금으로 반영되어 있다.

김수석의 꿀팁! 재무제표 작성 과정 요약 ★중요!

1. 회계처리	(차) 현금	×××	(대) 건물	×××
2. 총계정원장	현금			
	건물	×××		
3. 시산표	시산표			
	자산	×××	부채	×××
	비용	×××	자본	×××
			수익	×××
4. 손익 마감	(차) 수익	×××	(대) 비용	×××
			(대) 집합손익	×××
	(차) 집합손익	×××	(대) 이익잉여금	×××
5. 재무제표	포괄손익계산서			
	수익			×××
	비용			(×××)
	당기순이익			×××
	재무상태표			
	자산	×××	부채	×××
			자본	×××

회계처리부터 재무제표 작성까지 마쳤다. 위에서 배운 재무제표 작성 과정을 연습할 수 있도록 연습문제를 수록하였다. 직접 해보면 제일 좋지만, 너무 어렵다 싶으면 해설을 보면서 흐름만 따라가도 좋다. 시험에서 총계정원장, 시산표 및 재무제표를 작성해 보라는 문제는 출제되지 않는다. 대부분의 문제는 1. 회계처리 수준에서 출제된다. 본 장에서 배운 재무제표 작성 과정은 전반적인 흐름을 이해하는 정도로 넘어가고, 앞으로 배울 각 계정별 회계처리에 집중하자.

㈜김수석의 20X1년 12월 31일의 재무상태표는 다음과 같다. 20X2년도에 다음의 거래가 발생하였다. 각 거래를 회계처리 하고, 20X2년 12월 31일의 재무상태표와 20X2년도의 포괄손익계산서를 작성하시오.

재무상태표

㈜김수석		20X1.12.31	
자산		부채	
현금	200,000	매입채무	5,000
상품	50,000	차입금	150,000
매출채권	10,000	자본	
		자본금	100,000
		이익잉여금	5,000
자산 총계	260,000	부채 및 자본 총계	260,000

(1) 1.1 기계장치 ₩30,000을 외상으로 구입하였다.

(2) 2.1 기계장치 외상매입 대금 중 ₩20,000을 지급하였다.

(3) 3.1 기계장치에 대한 수선유지비 ₩30,000을 지급하였다.

(4) 4.1 상품을 ₩100,000에 현금으로 구입하였다.

(5) 5.1 원가 ₩80,000의 상품을 ₩200,000에 현금으로 판매하였다.

(6) 6.1 상품을 ₩200,000에 외상으로 구입하였다.

(7) 7.1 원가 ₩150,000의 상품을 ₩300,000에 외상으로 판매하였다.

(8) 8.1 외상 구입대금 중 ₩150,000을 현금으로 지급하였다.

(9) 9.1 외상 판매대금 중 ₩180,000을 현금으로 회수하였다.

(10) 10.1 차입금 중 ₩60,000을 상환하였다.

(11) 11.1 본사 건물 임차료 ₩120,000을 지급하였다.

(12) 12.31 차입금에 대한 이자비용 ₩20,000을 지급하였다.

(13) 12.31 기계장치에 대해서 ₩10,000의 감가상각비를 인식하였다.

1. 회계처리

(1)	(차) 기계장치	30,000	(대) 미지급금	30,000
(2)	(차) 미지급금	20,000	(대) 현금	20,000
·(3)	(차) 수선유지비	30,000	(대) 현금	30,000
(4)	(차) 상품	100,000	(대) 현금	100,000
(5)	(차) 현금	200,000	(대) 매출	200,000
	(차) 매출원가	80,000	(대) 상품	80,000
(6)	(차) 상품	200,000	(대) 매입채무	200,000
(7)	(차) 매출채권	300,000	(대) 매출	300,000
	(차) 매출원가	150,000	(대) 상품	150,000
(8)	(차) 매입채무	150,000	(대) 현금	150,000
(9)	(차) 현금	180,000	(대) 매출채권	180,000
(10)	(차) 차입금	60,000	(대) 현금	60,000
(11)	(차) 임차료	120,000	(대) 현금	120,000
(12)	(차) 이자비용	20,000	(대) 현금	20,000
(13)	(차) 감가상각비	10.000	(대) 기계장치	10,000

'미지급금'과 '매입채무'의 차이는 지금 신경쓰지 않아도 괜찮다. 3장 초반부에서 바로 설명할 것이다.

재무제표 작성과정 연습문제

2. 계정별 원장

현금

전기이월	200,000	미지급금	20,000
매출	200,000	수선유지비	30,000
매출채권	180,000	상품	100,000
		매입채무	150,000
		차입금	60,000
		임차료	120,000
		이자비용	20,000
		차기이월	80,000

자본금

차기이월	100,000	전기이월	100,000

차입금

현금	60,000	전기이월	150,000
차기이월	90,000		

기계장치

미지급금	30,000	감가상각비	10,000
		차기이월	20,000

상품

전기이월	50,000	매출원가	80,000
현금	100,000	매출원가	150,000
매입채무	200,000	차기이월	120,000

이익잉여금

차기이월	95,000	전기이월	5,000
		집합손익	90,000

매입채무

현금	150,000	전기이월	5,000
차기이월	55,000	상품	200,000

미지급금

현금	20,000	기계장치	30,000
차기이월	10,000		

매출채권

전기이월	10,000	현금	180,000
매출	300,000	차기이월	130,000

매출

집합손익	500,000	현금	200,000
		매출채권	300,000

매출원가

상품	80,000	집합손익	230,000
상품	150,000		

수선유지비

현금	30,000	집합손익	30,000

임차료

현금	120,000	집합손익	120,000

이자비용

현금	20,000	집합손익	20,000

감가상각비

기계장치	10,000	집합손익	10,000

본 문제의 경우에는 기초 잔액이 있기 때문에 기초 금액을 '전기이월'로 표시한다. 전기이월에 당기 변동분을 가감하면 차기이월(기말) 금액을 계산할 수 있다.

3. 시산표

시산표			
현금	80,000	매입채무	55,000
기계장치	20,000	미지급금	10,000
상품	120,000	차입금	90,000
매출채권	130,000	자본금	100,000
매출원가	230,000	이익잉여금	5,000
수선유지비	30,000	매출	500,000
임차료	120,000		
이자비용	20,000		
감가상각비	10,000		
합계	760,000	합계	760,000

4. 포괄손익계산서

포괄손익계산서	
매출	500,000
매출원가	(230,000)
매출총이익	270,000
수선유지비	(30,000)
임차료	(120,000)
이자비용	(20,000)
감가상각비	(10,000)
당기순이익	90,000 → 이익잉여금에 가산

5. 포괄손익계산서 계정 마감

Step 1. 역분개를 통해 모든 손익 계정들을 집합손익으로 계상하기

(차) 매출	500,000	(대) 매출원가	230,000
		(대) 수선유지비	30,000
		(대) 임차료	120,000
		(대) 이자비용	20,000
		(대) 감가상각비	10,000
		(대) 집합손익	**90,000**

Step 2. 집합손익을 이익잉여금으로 대체하기

(차) 집합손익	90,000	(대) 이익잉여금	90,000

6. 재무상태표 작성

재무상태표			
현금	80,000	매입채무	55,000
기계장치	20,000	미지급금	10,000
상품	120,000	차입금	90,000
매출채권	130,000	자본금	100,000
		이익잉여금	95,000
합계	350,000	합계	350,000

3

기말수정분개

03 기말수정분개

1 기말수정분개

1. 기말수정분개

회계처리 → 총계정원장 → 수정전시산표 → 기말수정분개 → 수정후시산표 → 재무제표

2장에서는 시산표를 이용하여 바로 재무제표를 작성하였다. 하지만 시산표를 작성했을 때, 오류가 포함되어 있을 수 있다. 그렇다면 시산표의 오류를 수정한 뒤 재무제표를 작성해야 한다. 이때 시산표의 오류를 수정하기 위해 집어넣는 분개를 '기말수정분개'라고 부른다. 그리고 오류가 있는 상태의 시산표를 '수정전시산표', 기말수정분개를 통해 오류를 수정한 시산표를 '수정후시산표'라고 부른다.

2. 기말수정분개가 필요한 사항

기말수정분개가 필요한 사항은 다음과 같다.
① 발생주의 (3장)
② 대손 회계처리 (3장)
③ 실지재고조사법 적용 시 기말 재고자산과 매출원가의 배분 (4장)
④ 감가상각 (5장)

2 발생주의 ★중요!

1. 발생주의 계정

기업회계에서 사용하고 있는 복식부기는 현금주의가 아닌 발생주의를 기반으로 하고 있다. 만약 회사가 현금주의로 회계처리를 했다면 기말수정분개를 통해 오류를 수정해야 한다. 발생주의 관련 계정은 다음과 같다.

	자산	부채
수익 관련	미수수익	선수수익
비용 관련	선급비용	미지급비용

위의 네 계정은 일반적으로 사용되는 계정으로, 상황에 따라 다양한 이름으로 불린다.

	인식 상황	계정과목
미수수익	수익 인식 시점이 경과하였으나 현금을 수령하지 못 한 경우	미수이자, 미수임대료 등
선수수익	수익 인식 시점 전에 현금을 수령한 경우	선수이자, 선수임대료 등
미지급비용	비용은 발생하였으나 현금을 지급하지 않은 경우	미지급이자, 미지급급여, 미지급보험료 등
선급비용	비용이 발생하기 전에 현금을 먼저 지급한 경우	선급이자, 선급급여, 선급보험료 등

2. '~수익, ~비용' vs '~금'

		자산	부채
수익		미수수익	선수수익
비용		선급비용	미지급비용
판매		미수금	선수금
구입		선급금	미지급금
재고	판매	매출채권	
	구입		매입채무

미수수익, 선수수익, 미지급비용, 선급비용은 수익 및 비용과 관련하여 인식하는 계정들이다. 수익, 비용이 아닌 자산 매매 거래에서는 위 계정들이 아닌 '~금'으로 끝나는 계정들을 사용한다. 예를 들어, 이자 지급일이 아직 도래하지 않아 당기 이자 발생분만 인식할 때에는 미지급비용을 계상한다. 건물을 후불로 매입하여 대금을 지불하지 않은 경우에는 미지급비용이 아닌 미지급금을 계상한다. 미지급비용은 비용을 계상하고, 미지급금은 비용을 계상하지 않는다는 것만 다를 뿐 돈을 지급해야 하는 것은 같다.

(차) 이자비용	10,000	(대) 미지급비용	10,000
(차) 건물	10,000	(대) 미지급금	10,000

단, 재고 거래는 기업의 주 영업활동으로 구분 표시할 필요가 있으므로 '~금'으로 끝나는 계정 대신 다른 계정을 사용한다. 재고의 외상판매로 생기는 자산은 미수금이 아닌 매출채권으로, 재고의 외상매입으로 생기는 부채는 미지급금이 아닌 매입채무로 계상한다.

 김수석의 꿀팁! **계정의 자산·부채 구분법**

다음의 계정들이 자산인지, 부채인지 헷갈릴 것이다. 이런 경우에는 계정의 의미를 생각하면 구분하기 쉽다. '미'는 안 한 것, '선'은 먼저 한 것, '수'는 받은 것, '급'은 준 것을 뜻한다.

손익	매매	의미	구분
미수수익	미수금	안 받은 돈	자산
선수수익	선수금	먼저 받은 돈	부채
미지급비용	미지급금	안 준 돈	
선급비용	선급금	먼저 준 돈	자산

📝 예제 1단계

1. 미지급비용: 기간이 경과하였으나 현금을 지급하지 않은 경우 (부채)

예 (주)김수석은 종업원에 대한 20X1년 12월분 급여 ₩100,000을 20X2년 1월에 지급하였다.

→ 현금은 X2년에 지급하지만 X1년 비용으로 계상

	올바른 회계처리			
X1	(차) 비용	100,000	(대) 미지급비용	100,000
X2	(차) 미지급비용	100,000	(대) 현금	100,000

Case> 회사가 급여를 현금 지급 시 비용으로 인식한 경우

손익 변동표	X1	X2
올바른 회계처리	(100,000)	0
회사 회계처리	0	(100,000)
수정분개	(100,000)	100,000

	회사 회계처리		기말 수정분개		
X1	−회계처리 없음−		(차) 비용	100,000	(대) 미지급비용 100,000
X2	(차) 비용 100,000	(대) 현금100,000	(차) 미지급비용 100,000	(대) 비용	100,000

2. 미수수익: 기간이 경과하였으나 현금을 수령하지 못한 경우 (자산)

예 (주)김수석은 20X1년 12월분 건물 임대료 ₩100,000를 20X2년 1월에 수령하였다.

→ 현금은 X2년에 수령하지만 X1년 수익으로 계상

	올바른 회계처리			
X1	(차) 미수수익	100,000	(대) 수익	100,000
X2	(차) 현금	100,000	(대) 미수수익	100,000

Case> 회사가 임대료를 현금 수령 시 수익으로 인식한 경우

손익 변동표	X1	X2
올바른 회계처리	100,000	0
회사 회계처리	0	100,000
수정분개	100,000	(100,000)

	회사 회계처리		기말 수정분개		
X1	−회계처리 없음−		(차) 미수수익	100,000	(대) 수익 100,000
X2	(차) 현금 100,000	(대) 수익 100,000	(차) 수익	100,000	(대) 미수수익 100,000

3. 선급비용: 현금을 지급하였으나 기간이 경과하지 않은 경우 (자산)

예 (주)김수석은 종업원에 대한 20X2년 1월분 급여 ₩100,000을 20X1년 12월에 지급하였다.

→ 현금은 X1년에 지급하지만 X2년 비용으로 계상

	올바른 회계처리			
X1	(차) 선급비용	100,000	(대) 현금	100,000
X2	(차) 비용	100,000	(대) 선급비용	100,000

Case> 회사가 급여를 현금 지급 시 비용으로 인식한 경우

손익 변동표	X1	X2
올바른 회계처리	0	(100,000)
회사 회계처리	(100,000)	0
수정분개	100,000	(100,000)

	회사 회계처리		기말 수정분개	
X1	(차) 비용 100,000 (대) 현금 100,000		(차) 선급비용 100,000 (대) 비용 100,000	
X2	−회계처리 없음−		(차) 비용 100,000 (대) 선급비용 100,000	

4. 선수수익: 현금을 수령하였으나 기간이 경과하지 않은 경우 (부채)

예 (주)김수석은 20X2년 1월분 건물 임대료 ₩100,000를 20X1년 12월에 수령하였다.

→ 현금은 X1년에 수령하지만 X2년 수익으로 계상

	올바른 회계처리			
X1	(차) 현금	100,000	(대) 선수수익	100,000
X2	(차) 선수수익	100,000	(대) 수익	100,000

Case> 회사가 임대료를 현금 수령 시 수익으로 인식한 경우

손익 변동표	X1	X2
올바른 회계처리	0	100,000
회사 회계처리	100,000	0
수정분개	(100,000)	100,000

	회사 회계처리		기말 수정분개	
X1	(차) 현금 100,000 (대) 수익 100,000		(차) 수익 100,000 (대) 선수수익 100,000	
X2	−회계처리 없음−		(차) 선수수익 100,000 (대) 수익 100,000	

김수석의 **꿀팁!** 발생주의 수정분개

(1) 당기 수정분개는 전기 수정분개를 뒤집으면 된다.

손익 변동표에서 세 번째 줄 수정분개를 보면 전부 X1년도와 X2년도가 부호만 반대일뿐 금액이 같다는 것을 알 수 있다. 이는 차이 금액이 바로 다음 해에 전부 조정되기 때문이다.

미지급비용과 미수수익은 X1년 손익인데 회사가 X2년에 손익을 인식했으므로, 기말수정분개를 통해 X1년에 인식한 뒤, X2년에 해당 효과를 부인한다. 반면 선급비용과 선수수익은 X2년 손익인데 회사가 X1년에 손익을 인식했으므로, 기말수정분개를 통해 이를 부인한 뒤, X2년에 해당 효과를 인식한다.

(2) 기말 수정분개에서 현금은 건드리지 않는다.

회사는 발생주의가 아닌 현금주의로 회계처리를 해놓았을 것이다. 틀린 회계처리라고 하더라도 현금은 제대로 계상한다. 현금에 오류가 없기 때문에 기말 수정분개에서 현금은 건드릴 필요가 없다.

(3) 자산은 미래에 비용이 되고, 부채는 미래에 수익이 된다.

| 인식 시: 자산(선급비용) | ✕✕✕ / 현금 | ✕✕✕ |
| 제거 시: 비용 | ✕✕✕ / 자산 | ✕✕✕ |

| 인식 시: 현금 | ✕✕✕ / 부채(선수수익) | ✕✕✕ |
| 제거 시: 부채 | ✕✕✕ / 수익 | ✕✕✕ |

'자산은 미래에 비용이 되고, 부채는 미래에 수익이 된다.' 회계 전체에 적용되는 대원칙이다. 자산을 먼저 보자. 현금을 주고 자산을 취득한다. 자산을 제거하기 위해서는 자산이 대변에 계상되는데, 그러면 차변이 비게 된다. 차변에 올 수 있는 것은 수익이 아니라 비용이다. 발생주의 예제에서 선급비용(자산) 회계처리가 이와 같은 형태를 띄고 있다.

그 아래의 부채 회계처리를 보자. 현금을 차입하면서 부채가 계상된다. 부채를 제거하기 위해서는 부채가 차변에 계상되는데, 그러면 대변이 비게 된다. 대변에 올 수 있는 것은 비용이 아니라 수익이다. 발생주의 예제에서 선수수익(부채) 회계처리가 이와 같은 형태를 띄고 있다.

📖 예제 2단계

1. 미지급비용: 기간이 경과하였으나 현금을 지급하지 않은 경우 (부채)

> 예 (주)김수석이 20X1년 10월 1일에 건물을 빌리고 1년분 임차료 ₩120,000를 20X2년 9월 30일에 지급하였다.

→ ₩30,000은 X1년도 비용, ₩90,000은 X2년도 비용

	올바른 회계처리			
X1	(차) 비용	30,000	(대) 미지급비용	30,000
X2	(차) 비용 미지급비용	90,000 30,000	(대) 현금	120,000

Case> 회사가 임차료를 현금 지급 시 비용으로 인식한 경우

손익 변동표	X1	X2
올바른 회계처리	(30,000)	(90,000)
회사 회계처리	0	(120,000)
수정분개	(30,000)	30,000

	회사 회계처리	기말 수정분개
X1	−회계처리 없음−	(차) 비용 30,000 (대) 미지급비용 30,000
X2	(차) 비용 120,000 (대) 현금 120,000	(차) 미지급비용 30,000 (대) 비용 30,000

2. 미수수익: 기간이 경과하였으나 현금을 수령하지 못한 경우 (자산)

> 예 (주)김수석이 20X1년 10월 1일에 건물을 빌려주고 1년분 임대료 ₩120,000를 20X2년 9월 30일에 수령하였다.

→ ₩30,000은 X1년도 수익, ₩90,000은 X2년도 수익

	올바른 회계처리			
X1	(차) 미수수익	30,000	(대) 수익	30,000
X2	(차) 현금	120,000	(대) 수익 미수수익	90,000 30,000

Case> 회사가 임대료를 현금 수령 시 수익으로 인식한 경우

손익 변동표	X1	X2
올바른 회계처리	30,000	90,000
회사 회계처리	0	120,000
수정분개	30,000	(30,000)

	회사 회계처리	기말 수정분개
X1	−회계처리 없음−	(차) 미수수익 30,000 (대) 수익 30,000
X2	(차) 현금 120,000 (대) 수익 120,000	(차) 수익 30,000 (대) 미수수익 30,000

3. 선급비용: 현금을 지급하였으나 기간이 경과하지 않은 경우 (자산)

예 (주)김수석이 20X1년 10월 1일에 건물을 빌리고 1년분 임차료 ₩120,000을 현금으로 지급하였다.

→ ₩30,000은 X1년도 비용, ₩90,000은 X2년도 비용

	올바른 회계처리			
X1	(차) 비용 　　선급비용	30,000 90,000	(대) 현금	120,000
X2	(차) 비용	90,000	(대) 선급비용	90,000

Case1> 회사가 임차료를 전부 비용으로 인식한 경우

손익 변동표	X1	X2
올바른 회계처리	(30,000)	(90,000)
회사 회계처리	(120,000)	0
수정분개	90,000	(90,000)

	회사 회계처리	기말 수정분개
X1	(차) 비용　120,000　(대) 현금　120,000	(차) 선급비용　90,000　(대) 비용　90,000
X2	－회계처리 없음－	(차) 비용　90,000　(대) 선급비용　90,000

Case2> 회사가 임차료를 전부 선급비용(자산)으로 인식한 뒤, X2년에 비용으로 인식한 경우

손익 변동표	X1	X2
올바른 회계처리	(30,000)	(90,000)
회사 회계처리	0	(120,000)
수정분개	(30,000)	30,000

	회사 회계처리	기말 수정분개
X1	(차) 선급비용　120,000　(대) 현금　120,000	(차) 비용　30,000　(대) 선급비용　30,000
X2	(차) 비용　120,000　(대) 선급비용　120,000	(차) 선급비용　30,000　(대) 비용　30,000

4. 선수수익: 현금을 수령하였으나 기간이 경과하지 않은 경우 (부채)

예 (주)김수석이 20X1년 10월 1일에 건물을 빌려주고 1년분 임대료 ₩120,000을 현금으로 수령하였다.

→ ₩30,000은 X1년도 수익, ₩90,000은 X2년도 수익

	올바른 회계처리			
X1	(차) 현금	120,000	(대) 수익	30,000
			선수수익	90,000
X2	(차) 선수수익	90,000	(대) 수익	90,000

Case1> 회사가 임대료를 전부 수익으로 인식한 경우

손익 변동표	X1	X2
올바른 회계처리	30,000	90,000
회사 회계처리	120,000	0
수정분개	(90,000)	90,000

	회사 회계처리	기말 수정분개
X1	(차) 현금 120,000 (대) 수익 120,000	(차) 수익 90,000 (대) 선수수익 90,000
X2	―회계처리 없음―	(차) 선수수익 90,000 (대) 수익 90,000

Case2> 회사가 임대료를 전부 선수수익으로 인식한 뒤, X2년에 수익으로 인식한 경우

손익 변동표	X1	X2
올바른 회계처리	30,000	90,000
회사 회계처리	0	120,000
수정분개	30,000	(30,000)

	회사 회계처리	기말 수정분개
X1	(차) 현금 120,000 (대) 선수수익 120,000	(차) 선수수익 30,000 (대) 수익 30,000
X2	(차) 선수수익 120,000 (대) 수익 120,000	(차) 수익 30,000 (대) 선수수익 30,000

📝예제 3단계

1. 20X1년 3월 1일 (주)김수석은 현금 ₩1,000,000을 연 이자율 12%에 은행으로부터 차입하였으며, 이자 지급일은 매년 2월 28일이다.
   → 현금 ₩120,000(=1,000,000×12%)을 X2년에 지급.
   이 중 ₩100,000은 X1년도 비용, ₩20,000은 X2년도 비용

		올바른 회계처리		
X1	(차) 비용	100,000	(대) 미지급비용	100,000
X2	(차) 비용	20,000	(대) 현금	120,000
	미지급비용	100,000		

Case> 회사가 이자를 현금 지급 시 비용으로 인식한 경우

손익 변동표	X1	X2
올바른 회계처리	(100,000)	(20,000)
회사 회계처리	0	(120,000)
수정분개	(100,000)	100,000

	회사 회계처리			기말 수정분개			
X1	−회계처리 없음−			(차) 비용	100,000	(대) 미지급비용	100,000
X2	(차) 비용 120,000	(대) 현금	120,000	(차) 미지급비용	100,000	(대) 비용	100,000

2. 20X1년 3월 1일 (주)김수석은 현금 ₩1,000,000을 연 이자율 12%에 은행에 예치하였으며, 이자 수령일은 매년 2월 28일이다.
   → 현금 ₩120,000(=1,000,000×12%)을 X2년에 수령.
   이 중 ₩100,000은 X1년도 수익, ₩20,000은 X2년도 수익

		올바른 회계처리		
X1	(차) 미수수익	100,000	(대) 수익	100,000
X2	(차) 현금	120,000	(대) 미수수익	100,000
			수익	20,000

Case> 회사가 이자를 현금 수령 시 수익으로 인식한 경우

손익 변동표	X1	X2
올바른 회계처리	100,000	20,000
회사 회계처리	0	120,000
수정분개	100,000	(100,000)

	회사 회계처리			기말 수정분개			
X1	−회계처리 없음−			(차) 미수수익	100,000	(대) 수익	100,000
X2	(차) 현금 120,000	(대) 수익	120,000	(차) 수익	100,000	(대) 미수수익	100,000

3. 20X1년 5월 1일 (주)김수석은 보험에 가입하면서 1년 치 보험료 ₩150,000을 지급했다.

→ 이 중 ₩100,000은 X1년도 비용, ₩50,000은 X2년도 비용

	올바른 회계처리			
X1	(차) 비용	100,000	(대) 현금	150,000
	선급비용	50,000		
X2	(차) 비용	50,000	(대) 선급비용	50,000

Case1> 회사가 보험료를 현금 지급 시 전부 비용으로 인식한 경우

손익 변동표	X1	X2
올바른 회계처리	(100,000)	(50,000)
회사 회계처리	(150,000)	0
수정분개	50,000	(50,000)

	회사 회계처리	기말 수정분개
X1	(차) 비용 150,000 (대) 현금 150,000	(차) 선급비용 50,000 (대) 비용 50,000
X2	－회계처리 없음－	(차) 비용 50,000 (대) 선급비용 50,000

Case2> 회사가 보험료를 현금 지급 시 전부 선급비용으로 인식한 뒤, X2년에 비용으로 인식한 경우

손익 변동표	X1	X2
올바른 회계처리	(100,000)	(50,000)
회사 회계처리	0	(150,000)
수정분개	(100,000)	100,000

	회사 회계처리	기말 수정분개
X1	(차) 선급비용 150,000 (대) 현금 150,000	(차) 비용 100,000 (대) 선급비용 100,000
X2	(차) 비용 150,000 (대) 선급비용 150,000	(차) 선급비용 100,000 (대) 비용 100,000

4. 20X1년 7월 1일 (주)김수석은 1년 치 수강료 ₩200,000을 수령하였다.

→ 이 중 ₩100,000은 X1년도 수익, ₩100,000은 X2년도 수익

	올바른 회계처리			
X1	(차) 현금	200,000	(대) 수익	100,000
			선수수익	100,000
X2	(차) 선수수익	100,000	(대) 수익	100,000

Case1> 회사가 수강료를 현금 수령 시 전부 수익으로 인식한 경우

손익 변동표	X1	X2
올바른 회계처리	100,000	100,000
회사 회계처리	200,000	0
수정분개	(100,000)	100,000

	회사 회계처리	기말 수정분개
X1	(차) 현금 200,000 (대) 수익 200,000	(차) 수익 100,000 (대) 선수수익 100,000
X2	-회계처리 없음-	(차) 선수수익 100,000 (대) 수익 100,000

Case2> 회사가 수강료를 현금 수령 시 전부 선수수익으로 인식한 뒤, X2년에 수익으로 인식한 경우

손익 변동표	X1	X2
올바른 회계처리	100,000	100,000
회사 회계처리	0	200,000
수정분개	100,000	(100,000)

	회사 회계처리	기말 수정분개
X1	(차) 현금 200,000 (대) 선수수익 200,000	(차) 선수수익 100,000 (대) 수익 100,000
X2	(차) 선수수익 200,000 (대) 수익 200,000	(차) 수익 100,000 (대) 선수수익 100,000

3 대손

대손이란, 채권 중 회수불가능액을 추정하여 채권을 감소시키는 것을 뜻한다. 대손이 발생한 경우 대손상각비를 인식하는 동시에 대손충당금을 설정한다. 대손충당금은 채권의 차감적 평가계정으로, 매출채권을 줄이는 역할을 한다. 가령, 기말 매출채권이 1,000,000인데 900,000만 회수 가능할 것이라고 예상하면 회수 불가능하다고 예상하는 100,000을 다음과 같이 대손충당금으로 설정한다.

재무상태표		
매출채권	1,000,000	
대손충당금	(100,000)	
	900,000	

1. 회수불능(=대손 확정, 손상차손): 대손충당금 감소

회수하지 못할 것으로 예상하여 대손충당금을 설정한 매출채권이 실제로 회수 불가능해진 경우에는 대손충당금과 매출채권을 상계한다. 만약 상계할 대손충당금 잔액이 부족한 경우에는 다음과 같이 부족분을 대손상각비로 인식한다. 만약 대손충당금이 100,000인 상태에서 각각 80,000과 120,000의 매출채권이 대손 확정된 경우 회계처리는 다음과 같다.

(1) 80,000 대손 확정	대손충당금	80,000	매출채권	80,000
(2) 120,000 대손 확정	대손충당금 대손상각비	100,000 20,000	매출채권	120,000

2. 대손 채권의 회수: 대손충당금 증가

(차) 현금 X X X   (대) 대손충당금 X X X

회수불능이라고 판단하여 매출채권과 대손충당금을 상계한 채권이 예상과 달리 회수되는 경우가 있다. 이때에는 현금 수령액을 대손상각비의 감소로 인식하는 것이 아니라, 현금 수령액만큼 대손충당금을 증가시킨다.

 김수석의 **WHY?** 대손 채권 회수 시 대손충당금을 증가시키는 이유: 관행

많은 학생들이 왜 대손 채권 회수 시 대손충당금을 증가시키고, 대손상각비의 감소로 인식하지 않는지 궁금해한다. 결론부터 말하자면, 그렇게 해도 상관은 없다. 다만, **회계학에서는 그동안 관행적으로 대손 채권 회수 시 대손충당금 증가시켰다.** 출제진도 이 회계처리를 염두에 두고 문제를 출제하므로, 우리도 대손충당금을 증가시켜야 한다. 문제 풀이에서 이유는 중요하지 않으므로, 회계처리만 외우자.

3. 기초, 기말 대손충당금 잔액

기초, 기말 대손충당금 잔액을 문제에서 직접 제시하면 바로 표에 쓰면 되지만, 그렇지 않은 경우에는 우리가 구해야 한다. 문제에서 제시한 자료에 따라 대손충당금 계산 방식은 다음과 같이 달라진다.

(1) 추정 현금흐름이 제시된 경우	매출채권－추정 현금흐름
(2) 손실률이 제시된 경우	$\sum$매출채권 금액 x 손실률

(1) 추정 현금흐름이 제시된 경우

매출채권 중 추정 현금흐름을 제외한 부분은 못 받을 것으로 예상하는 금액이다. 따라서 매출채권에서 추정 현금흐름을 차감한 금액이 대손충당금 잔액이 된다.

(2) 손실률이 제시된 경우

문제에서 매출채권별 손실률을 제시해준다면 각 매출채권 금액에 손실률을 곱한 금액이 대손충당금 잔액이 된다. 가령, 매출채권 금액이 100,000인데 손실률이 10%라면, 못 받을 것으로 예상하는 금액은 10,000(=100,000*10%)이며, 대손충당금 잔액은 10,000이 된다.

회수불능과 대손 채권 회수 회계처리를 통해 남은 대손충당금 잔액(설정 전 잔액)과 기말 대손충당금 잔액(기대신용손실)을 비교하여 대손충당금 금액을 조정해주어야 한다.

4. 대손충당금 설정

기초 대손충당금에 기중 회계처리를 반영한 설정 전 잔액(=기초 대손충당금-회수불능액+대손 채권 회수액)을 기말 대손충당금으로 만들어주어야 한다. 일반적으로는 설정 전 잔액이 적으므로 대손상각비를 인식하면서 대손충당금을 증가시키지만, 반대의 경우 대손충당금환입을 인식하면서 대손충당금을 감소시킨다.

(1) 기말 대손충당금 잔액 〉 설정 전 잔액: 대손충당금 증가

(차) 대손상각비 X X X   (대) 대손충당금 X X X

(2) 기말 대손충당금 잔액 〈 설정 전 잔액: 대손충당금 감소

(차) 대손충당금 X X X   (대) 대손충당금환입 X X X

예제 1

다음은 (주)한국의 매출채권 및 대손에 대한 자료이다. 기말 매출채권 잔액에 대한 미래 현금흐름을 추정하여 ₩4,500이 회수될 것으로 예상하였다. 20x1년 매출채권에 대한 ㈜한국의 회계처리를 하시오.

- 20x1년 1월 1일 대손충당금 기초잔액 ₩2,000
- 20x1년 3월 1일 회수불능으로 판단된 매출채권 ₩3,000
- 20x1년 7월 1일 전기 대손처리된 ₩2,000 매출채권 회수
- 20x1년 12월 31일 기말수정분개 이전 매출채권 잔액 ₩8,000

해설

	차변		대변		대손충당금 잔액
기초					2,000
3.1	대손충당금 대손상각비	2,000 1,000	매출채권	3,000	0
7.1	현금	2,000	대손충당금	2,000	2,000
12.31	대손상각비	1,500	대손충당금	1,500	3,500

기말 대손충당금: 매출채권-추정 현금흐름=8,000-4,500=3,500
12.31에 추가로 인식할 대손상각비: 3,500-2,000=1,500
x1년도 대손상각비: 1,000+1,500=2,500

예제 2

㈜서울의 매출채권과 관련된 다음의 자료를 이용하여 20x1년 매출채권에 대한 회계처리를 하시오.

- 20x1년 초의 매출채권 잔액은 ₩1,000,000이고, 대손충당금 잔액은 ₩40,000이다.
- 20x1년 4월에 회수불가능 매출채권 ₩30,000을 대손처리하였다.
- 20x1년 4월에 대손처리하였던 매출채권 ₩15,000을 20x1년 7월에 현금으로 회수하였다.
- 20x1년 말의 매출채권 잔액은 ₩900,000이며, 이 중에서 5%는 미래에 회수가 불가능한 것으로 추정된다.

해설

	차변		대변		대손충당금 잔액
기초					40,000
4월	대손충당금	30,000	매출채권	30,000	10,000
7월	현금	15,000	대손충당금	15,000	25,000
12.31	대손상각비	20,000	대손충당금	20,000	45,000

기말 대손충당금: 매출채권*손실률＝900,000*5%＝45,000

12.31에 추가로 인식할 대손상각비: 45,000－25,000＝20,000

4

재고자산

CPA 수석이 알려주는 컴팩트 회계학
김용재의 회계원리

04 재고자산

1 재고자산의 의의

기준서에 따르면 재고자산은 '통상적인 영업과정에서 판매를 위하여 보유중인 자산'을 뜻한다. 재무회계는 상기업을 가정하므로 재무회계에서의 재고자산은 상품을 의미한다. 제조기업에서의 재고자산은 원가회계 파트에서 자세히 서술할 것이다.

2 재고자산의 매입 및 매출 ★중요!

재고자산 순매입액 = 매입가액 + 취득 부대비용 − 매입에누리 − 매입환출 − 매입할인 − 리베이트

1. 취득 부대비용: 취득원가에 가산

재고자산의 취득원가는 모든 매입원가, 전환원가 및 재고자산을 현재의 장소에 현재의 상태로 이르게 하는 데 발생한 기타 원가를 포함한다. 쉽게 말해서, 자료에 제시된 모든 부대비용을 취득원가에 가산하면 된다. 대표적인 예로는 매입운임, 취득 관련 세금 등이 있다. 이는 중급회계에서 배울 유형자산에서도 마찬가지이다. 일반적으로 자산의 취득원가는 매입부대비용을 포함한다.

2. 매입 차감항목: 취득원가에서 차감

취득 부대비용은 취득원가에 가산하는 것과 달리, 매입 차감항목은 취득원가에서 차감한다. 매입 차감항목에는 매입에누리, 매입환출, 매입할인 및 리베이트가 있다. 각 항목의 의미는 수험목적상 중요하지 않으며, 취득원가에서 차감한다는 것만 기억하면 된다. 모두 거래 금액을 줄이는 요소이다.

3. 순매출액

(순)매출액 = 총매출액 − 매출에누리 − 매출환입 − 매출할인 − 리베이트

순매입액과 마찬가지로 순매출액도 매출 차감 항목을 차감해서 구한다. 단, 매출 관련 비용은 판매비와 관리비로 비용처리하며, 매출액에 영향을 미치지 않는다. 이는 매입 시 부대비용을 취득원가에 가산하는 것과는 대조된다.

 순매입액과 순매출액

	매입	매출
관련비용	매입에 가산	매출과 무관 (당기비용)
에누리, 할인, 환입/환출	매입 및 매출 차감	

예제 1

다음은 (주)대한의 매출 및 매입 관련 자료이다. 순매출액과 순매입액은 각각 얼마인가? (국가직 9급 2011 수정)

총매출액	₩1,000	총매입액	₩700
기초재고	₩400	기말재고	₩300
매출환입	₩100	매입에누리	₩100
매출할인	₩100	매입할인	₩100
매입운임	₩100		

해설

순매출액 = 1,000 − 100(환입) − 100(할인) = 800
순매입액 = 700 − 100(에누리) − 100(할인) + 100(운임) = 600
이처럼 환입, 할인, 에누리는 매출이건 매입이건 똑같이 차감한다는 것만 알면 된다. 각각의 정의는 문제 풀이 상 중요하지 않다. 반대로, 매입운임은 취득원가에 가산한다는 것을 반드시 기억하자.

순매출액: 800, 순매입액: 600

3 재고자산 관련 계정

1. 매출채권

매출채권(자산)			
기초	×××	회수	×××
매출	×××	기말	×××
계	×××	계	×××

> 기초 자산 + 증가 = 감소 + 기말 자산

현금 매출 시에는 현금이 유입되지만, 외상으로 매출하는 경우 현금이 유입되지 않는 대신 자산이 계상된다. 이처럼 매출을 외상으로 하여 생기는 자산을 '매출채권'이라고 부른다.

위의 표는 매출채권 T계정을 간략하게 표시한 것이다. 모든 자산의 T계정은 차변 상단에 기초 금액을 적고, 대변 하단에 기말 잔액을 적는다. 그리고 차변에 증가 내역(매출), 대변에 감소 내역(회수)을 적어주면 '기초 + 증가 = 감소 + 기말'의 형태로 T계정의 대차가 일치한다. 항등식에서 감소를 반대쪽으로 넘기면 '기초 + 증가 – 감소 = 기말'의 형태로 표시할 수도 있다. '기초 + 증가 = 감소 + 기말'의 형태로 풀어도 되지만, 감소가 줄어드는 의미가 있으므로 '기초 + 증가 – 감소 = 기말'의 형태로 식을 쓰는 것이 이해가 쉬울 것이다. 본인이 편한 항등식을 이용해서 문제를 풀면 된다.

2. 매입채무

<table>
<tr><th colspan="4" align="center">매입채무(부채)</th></tr>
<tr><td>지급</td><td>XXX</td><td>기초</td><td>XXX</td></tr>
<tr><td></td><td></td><td></td><td></td></tr>
<tr><td>기말</td><td>XXX</td><td>매입</td><td>XXX</td></tr>
<tr><td>계</td><td>XXX</td><td>계</td><td>XXX</td></tr>
</table>

> 감소 + 기말 부채 = 기초 부채 + 증가

현금 매입 시에는 현금이 유출되지만, 외상으로 매입하는 경우 현금이 유출되지 않는 대신 부채가 계상된다. 이처럼 매입을 외상으로 하여 생기는 부채를 '매입채무'라고 부른다.

위의 표는 매입채무 T계정을 간략하게 표시한 것이다. 모든 부채의 T계정은 대변 상단에 기초 금액을 적고, 차변 하단에 기말 잔액을 적는다. 그리고 대변에 증가 내역(매입), 차변에 감소 내역(지급)을 적어주면 '기초 + 증가 = 감소 + 기말'의 형태로 T계정의 대차가 일치한다.

문제에서 매입액을 제시하는 것이 아니라, 기초, 지급, 기말 자료만을 제시하는 경우에는 매입액을 직접 구해야 하므로 이 매입채무 T계정을 그리거나, 위의 식을 이용해야 한다.

3. 매출원가 ★중요!

<table>
<tr><th colspan="4" align="center">재고자산</th></tr>
<tr><td>기초</td><td>XXX</td><td>매출원가</td><td>XXX</td></tr>
<tr><td></td><td></td><td></td><td></td></tr>
<tr><td>매입</td><td>XXX</td><td>기말</td><td>XXX</td></tr>
<tr><td>계</td><td>XXX</td><td>계</td><td>XXX</td></tr>
</table>

> 재고자산 항등식: 매출원가 = 기초 재고 + 매입액 – 기말 재고

매출원가는 판매되는 재고자산의 원가를 의미한다. 매출원가는 위 재고자산 항등식을 통해 구한다.

예제 2

도소매기업인 ㈜한국의 20X1년 1월 1일부터 12월 31일까지 영업활동과 관련된 자료가 다음과 같을 때, 20X1년 매출원가는? (단, 모든 매입거래는 외상 매입거래이다.) (국가직 9급 2017)

기초매입채무	₩43,000
기말매입채무	₩41,000
매입채무 현금상환	₩643,000
기초재고자산	₩30,000
기말재고자산	₩27,000

① ₩642,000

② ₩644,000

③ ₩646,000

④ ₩647,000

해설

매입채무 항등식: 43,000 + 재고자산 매입액 = 41,000 + 643,000
재고자산 매입액 = 641,000
재고자산 항등식: 30,000 + 641,000 = 매출원가 + 27,000
매출원가 = 644,000

매입채무(부채)			
지급	643,000	기초	43,000
기말	41,000	매입	641,000
계	684,000	계	684,000

재고자산(자산)			
기초	30,000	매출원가	644,000
매입	641,000	기말	27,000
계	671,000	계	671,000

답 ②

4. 매출총이익

> 매출총이익 = 매출액 - 매출원가

매출총이익은 매출액에서 매출원가를 차감한 금액으로, 손익계산서에도 표시되는 항목이다.
매출총이익과 매출원가 계산 시에는 앞에서 배운 순매출액과 순매입액을 이용한다.

☑예제 3

다음 자료를 이용하여 기초 상품 재고액을 계산하면? (지방직 9급 2016)

• 총매출액	₩300,000	• 매출에누리	₩20,000
• 총매입액	₩210,000	• 매입할인	₩10,000
• 매출총이익	₩100,000	• 기말 상품 재고액	₩55,000

① ₩15,000   ② ₩25,000   ③ ₩35,000   ④ ₩45,000

▌해 설

순매출액: 300,000 - 20,000 = 280,000   순매입액: 210,000 - 10,000 = 200,000
매출원가: 280,000 - 100,000 = 180,000   기초 재고: 55,000 + 180,000 - 200,000 = 35,000

🔖 ③

☑예제 4

다음은 (주)한국의 기말 회계자료 중 일부이다. 포괄손익계산서에 보고될 매출액은? (국가직 9급 2013)

• 기초상품재고액	₩240	• 당기상품매입액	₩400
• 기말상품재고액	₩220	• 당기현금매출액	₩100
• 매출총이익	₩180	• 기초매출채권	₩160
• 매출채권회수액	₩520		

① ₩500   ② ₩600   ③ ₩700   ④ ₩800

▌해 설

매출원가: 240 + 400 - 220 = 420
매출액: 420 + 180 = 600
본 문제는 매출채권과 관련된 자료를 이용하지 않더라도 풀 수 있는 문제였다.

참고) 현금매출액과 외상매출액

총 매출액이 600이므로, 이 중 현금매출액 100을 제외하면 나머지 외상매출액은 500으로 계산된다. 기말 매출채권을 문제에서 제시하지 않았기 때문에 외상매출액을 직접 구할 수 없었다. 따라서 매출원가에 매출총이익을 더하는 방식으로 매출액을 계산하였다.

🔖 ②

4 재고자산 회계처리-계속기록법과 실지재고조사법

계속기록법과 실지재고조사법은 재고자산 회계처리 방법이다. 이들은 단독으로 출제되는 것이 아니라 원가흐름의 가정과 함께 출제되므로 구체적인 회계처리보다는 둘이 어떻게 다른 것인지 개념 위주로 기억하면 된다.

1. 계속기록법: 매출 시마다 매출원가 회계처리

(1) 매입 회계처리

1) 현금 매입 시: 상품 XXX / 현금 XXX

2) 외상 매입 시: 상품 XXX / 매입채무 XXX

재고자산 매입 시에는 재고자산의 취득원가가 구입 대금과 동일한 금액으로 계상된다. 현금 매입 시에는 대변에 현금이 계상되지만, 외상으로 매입하는 경우에는 대변에 부채인 매입채무를 계상한다.

(2) 매출 회계처리

1) 현금 매출 시: 현금 XXX / 매출 XXX & 매출원가 XXX / 상품 XXX

2) 외상 매출 시: 매출채권 XXX / 매출 XXX & 매출원가 XXX / 상품 XXX

계속기록법은 매출이 발생할 때마다 매출원가 회계처리를 하는 방법이다. 상품을 판매할 때마다 매출(수익)을 인식하는 동시에, 재고자산 원가를 매출원가(비용)로 인식한다.

현금 매출 시에는 차변에 현금이 계상되지만, 외상으로 매출하는 경우 현금이 유입되지 않는 대신 차변에 자산인 매출채권을 계상한다.

예제 5. 계속기록법

계속기록법에 따라 다음의 거래들을 적절히 분개하시오.

(1) 상품 ₩10,000을 현금으로 구입하였다.

(2) 상품 ₩20,000을 외상으로 구입하였다.

(3) ₩20,000의 매입대금 중 ₩15,000을 지급하였다.

(4) 원가 ₩8,000의 상품을 ₩13,000에 현금으로 판매하였다.

(5) 원가 ₩12,000의 상품을 ₩15,000에 외상으로 판매하였다.

(6) ₩15,000의 매출대금 중 ₩12,000을 회수하였다.

해설

(1)	(차) 상품	10,000	(대) 현금	10,000
(2)	(차) 상품	20,000	(대) 매입채무	20,000
(3)	(차) 매입채무	15,000	(대) 현금	15,000
(4)	(차) 현금	13,000	(대) 매출	13,000
	(차) 매출원가	8,000	(대) 상품	8,000
(5)	(차) 매출채권	15,000	(대) 매출	15,000
	(차) 매출원가	12,000	(대) 상품	12,000
(6)	(차) 현금	12,000	(대) 매출채권	12,000

계속기록법은 이처럼 매출이 발생할 때마다 매출원가를 동시에 기록하는 방식이다. 본 예제에서는 매출원가를 제시해주었지만, 원가흐름의 가정에 따라 FIFO 혹은 이동평균법으로 매출원가를 직접 계산해야 한다.

2. 실지재고조사법(=실사법): 기말에 한 번에 매출원가 회계처리

계속기록법은 매출이 발생할 때마다 매출원가를 계산해야 하는 번거로움이 있다. 따라서 실무에서는 계속기록법을 거의 쓰지 않는 대신에 실지재고조사법을 활용한다. 실지재고조사법은 판매할 때 재고자산 회계처리를 생략하고 매출 회계처리만을 한 뒤, 기말에 실사를 수행하여 기말에 남은 재고 이외의 금액을 전부 매출원가로 계상하는 방식이다. 실사를 바탕으로 매출원가를 계상하기 때문에 실사법이라고 부르기도 한다.

(1) 매입 회계처리

1) 현금 매입 시: 매입 XXX / 현금 XXX

2) 외상 매입 시: 매입 XXX / 매입채무 XXX

실재재고조사법 적용 시 매입할 때에는 재고자산 대신에 '매입'이라는 일시적인 자산 계정을 사용한다.

(2) 매출 회계처리

1) 현금 매출 시: 현금 XXX / 매출 XXX

2) 외상 매출 시: 매출채권 XXX / 매출 XXX

실지재고조사법은 매출 시에 재고자산 회계처리를 생략하고 매출 회계처리만을 수행한다.

(3) 기말 수정분개

| (차) 매출원가 | X X X | (대) 상품 | 기초 재고액 |
| (차) 상품 | 기말 실사액 | (대) 매입 | 매입액 |

기중에 매입 시 계상해놓은 매입 계정은 일시 계정이므로, 기말에 전부 제거해야 한다. 기말수정분개를 통해 기초 재고액과 매입액을 제거하고, 기말 실사를 통해 파악한 금액만 기말 재고자산으로 남긴 후, 나머지 금액은 매출원가로 계상한다.

📑예제 6. 실지재고조사법

실지재고조사법에 따라 다음 거래들을 적절히 분개하시오.

(1) 상품 ₩10,000을 현금으로 구입하였다.

(2) 상품 ₩20,000을 외상으로 구입하였다.

(3) ₩20,000의 매입대금 중 ₩15,000을 지급하였다.

(4) 상품을 ₩13,000에 현금으로 판매하였다.

(5) 상품을 ₩15,000에 외상으로 판매하였다.

(6) ₩15,000의 매출대금 중 ₩12,000을 회수하였다.

(7) 기초 상품 재고액은 ₩50,000이며, 기말 재고 실사 결과 상품 재고액은 ₩60,000이다.

▌해설

(1)	(차) 매입	10,000	(대) 현금	10,000
(2)	(차) 매입	20,000	(대) 매입채무	20,000
(3)	(차) 매입채무	15,000	(대) 현금	15,000
(4)	(차) 현금	13,000	(대) 매출	13,000
(5)	(차) 매출채권	15,000	(대) 매출	15,000
(6)	(차) 현금	12,000	(대) 매출채권	12,000
(7)	(차) 매출원가	20,000	(대) 상품(기초)	50,000
	(차) 상품(기말)	60,000	(대) 매입	30,000

 실지재고조사법 기말수정분개-재고자산 T계정을 거꾸로!

실지재고조사법은 계속기록법과 달리 (7)번 분개에 해당하는 기말수정분개가 존재한다. 기초에 존재하던 재고와 일시적 계정인 매입을 전부 제거하고, 실사 결과 기말에 남은 재고와 매출원가만을 남겨야 한다. (7)번 분개에 해당하는 기말수정분개는 재고자산 T계정을 대차를 반대로 적어 놓은 것이다. 재고자산 T계정 차변에는 '기초, 매입'이 위치하고, 대변에는 '매출원가, 기말'이 위치한다. 재고자산 T계정을 생각하면 손쉽게 실지재고조사법 기말수정분개를 끊을 수 있다.

 계속기록법 VS 실지재고조사법

계속기록법: ①매출원가 → ②기말 재고

실지재고조사법: ①기말 재고(실사) → ②매출원가

계속기록법과 실지재고조사법은 매출원가 계산 순서가 반대이다. 계속기록법은 매출이 발생할 때마다 매출원가를 계산하고 남은 것이 기말 재고자산이 되지만, 실지재고조사법은 실사를 통해 파악한 재고가 기말 재고자산이 되고, 나머지가 매출원가가 된다.

5 원가흐름의 가정

1. 선입선출법(FIFO)

선입선출법(FIFO, First In First Out)은 먼저 구입한 순서대로 먼저 판매되었다고 가정하는 방법이다. 기말 재고자산은 가장 마지막 구입 분으로 계상된다. 보통 기업에서는 오래된 재고를 먼저 팔기 때문에 선입선출법은 실제 물량흐름과 가장 비슷한 방법이다. 선입선출법은 계속기록법과 실지재고조사법의 차이가 없다. 이는 매출이 발생할 때마다 매출원가를 구하든, 기말에 한 번에 구하든 기말 재고자산은 가장 마지막 구입 분으로 계상되기 때문이다. 회계학에서 @표시는 개당금액을 의미한다. 매입 시 @는 개당 그 금액에 샀다는 것을, 매출 시 @는 개당 그 금액에 팔았다는 것을 의미한다.

 김수석의 **핵심 콕!** 선입선출법 적용 시 풀이법

① 매출원가 = 기초 재고부터 매입액을 순차적으로 가산
② 기말 재고자산 = 가장 마지막 매입부터 역순으로 가산

📝 예제 7. 선입선출법

다음은 ㈜한국의 20X1년 1월 1일부터 12월 31일까지 재고자산 자료이다. ㈜한국이 선입선출법을 적용할 때, 20X1년의 매출원가와 20X1년 말 현재 재고자산은?

일자	적요	수량	단가
1월 1일	기초	150개	@100
1월 15일	매입	50개	@140
1월 20일	매출	(100개)	
1월 25일	매입	100개	@150
1월 28일	매출	(100개)	

▌해 설

일자	적요	수량	단가	비고
1월 1일	기초	150개	@100	→매출원가
1월 15일	매입	50개	@140	→매출원가
1월 20일	매출	(100개)		
1월 25일	매입	100개	@150	→기말 재고
1월 28일	매출	(100개)		

(1) 매출원가 = 기초 재고부터 매입액을 순차적으로 가산
  판매수량: 100＋100＝200개   매출원가: 150개×@100 ＋ 50개×@140 ＝ 22,000
(2) 기말 재고자산 = 가장 마지막 매입부터 역순으로 가산
  기말 재고자산 수량 = 150 ＋ 50 － 100 ＋ 100 － 100 ＝ 100개
  기말 재고자산 원가 = 100×@150(1월 25일 매입단가) ＝ 15,000
  📑 **매출원가 22,000, 기말 재고자산 15,000**

2. 평균법

평균법은 선입선출법과 달리 계속기록법과 실지재고조사법의 차이가 존재한다. 평균법은 평균을 내야 하기 때문에 '어디까지 평균을 낼 것인가'가 관건이다.

(1) 총평균법: 실지재고조사법 & 평균법

실지재고조사법은 기말 실사에 따라 매출원가가 결정되므로 기초 재고와 총 매입 재고 전체(판매가능상품)를 평균 낸다.

Step 1. 평균 단가 구하기

평균 단가 = 판매가능상품 금액/판매가능상품 수량

총평균법에서는 평균 단가를 먼저 구해준다. 총평균법은 판매가능상품 전체를 평균 내서 기말 재고자산과 매출원가로 안분하므로 기말 재고와 매출원가의 단가가 동일하기 때문이다.

Step 2. 기말 재고자산 및 매출원가 구하기

기말 재고자산 = 평균 단가×기말 수량
매출원가 = 평균 단가×판매 수량

총평균법 간편법

기말 재고와 매출원가의 단가가 동일하므로 Step 1에서 구한 평균 단가에 각각 기말 수량과 판매 수량을 곱해주면 기말 재고자산과 매출원가를 계산할 수 있다. 계산이 익숙해지면 Step 1과 Step 2를 나누지 않고, 다음과 같이 한 번에 계산할 수도 있다.

기말 재고자산 = 판매가능상품 금액×기말 수량/판매가능상품 수량
매출원가 = 판매가능상품 금액×판매 수량/판매가능상품 수량

☑예제 8. 총평균법

다음은 ㈜한국의 20X1년 1월 1일부터 12월 31일까지 재고자산 자료이다. ㈜한국이 평균법을 적용할 때, 20X1년 매출원가와 20X1년 말 현재 재고자산은? (단, ㈜한국은 실지재고조사법을 적용한다.)

일자	적요	수량	단가
1월 1일	기초	150개	@100
1월 15일	매입	50개	@140
1월 20일	매출	(100개)	
1월 25일	매입	100개	@140
1월 28일	매출	(100개)	

▌해설

회사는 평균법을 적용하면서, 실사법을 적용하므로 총평균법을 이용한다는 뜻이다.

(1) 평균 단가 구하기 = 판매가능상품 금액/판매가능상품 수량

  판매가능상품 금액 = 150×100 + 50×140 + 100×140 = 36,000

  판매가능상품 수량 = 300개

  평균 단가 = 36,000/300 = 120

(2) 기말 재고자산 = 평균 단가×**기말** 수량, 매출원가 = 평균 단가×**판매** 수량

  기말 재고자산 원가 = 120×100개 = 12,000

  매출원가 = 120×200개 = 24,000

🖩 **매출원가 24,000, 기말 재고자산 12,000**

간편법>

판매가능상품 금액인 36,000을 기말 재고 수량과 판매량 비율대로 안분하면 된다.

기말 재고자산 원가 = 36,000×100개/300개 = 12,000

매출원가 = 36,000×200개/300개 = 24,000

(2) 이동평균법: 계속기록법&평균법 심화

계속기록법은 매출이 발생할 때마다 매출원가를 계산하므로 매출 시점까지 존재한 재고를 기준으로 평균을 낸다. 계속기록법은 매출이 발생할 때마다 평균을 내야 하기 때문에 원가흐름의 가정 중에 가장 어렵고, 시간이 많이 소요되는 방법이다. 내용이 어렵기 때문에 중급회계에서 다룰 것이다.

 원가흐름의 가정 요약 중요!

	계속기록법	실지재고조사법
FIFO	FIFO	
평균법	이동평균법	총평균법

(1) FIFO: 먼저 산 건 매출원가, 늦게 산 건 기말 재고
(2) 총평균법: 기초 + ∑매입을 전체 매출 수량으로 한 번에 매출원가 구하기.
(3) 이동평균법: 중급회계에서 설명

3. 후입선출법(LIFO): IFRS에서 인정 X!

후입선출법(LIFO, Last In First Out)은 늦게 구입한 순서대로 먼저 판매되었다고 가정하는 방법이다. 기말 재고자산은 선입선출법과 반대로 가장 과거 구입분으로 계상된다. 따라서 후입선출법은 실제 물량흐름과 차이가 크다.

후입선출법 적용 시 회사가 재고 매입을 통제하여 손익 조작의 가능성이 크다. 후입선출법에서 회사는 추가로 재고자산을 구입하지 않음으로써 손쉽게 이익을 증가시킬 수 있기 때문이다. 일반적으로 시간이 지남에 따라 물가는 상승하므로 과거 구입분에 비해 최근 구입분의 단가가 비쌀 것이다. 회사가 추가로 재고를 구입하지 않는다면 단가가 싼 과거 구입분이 매출원가가 되고, 매출원가는 작아져 이익을 키울 수 있다. 이를 후입선출청산현상(Lifo-liquidation)이라고 부르며, 이로 인해 한국채택국제회계기준에서는 후입선출법을 인정하지 않고 있다.

5

감가상각

CPA 수석이 알려주는 컴팩트 회계학
김용재의 회계원리

1 감가상각의 의의

감가상각이란, 자산의 취득원가를 자산의 사용기간 동안 체계적으로 배분하여 각 회계연도의 비용으로 인식하는 것을 뜻한다.

여기서 주의할 것은 감가상각은 '취득원가의 배분'이라는 점이다. 많은 일반인들이 일상생활에서 감가상각을 가치의 하락이나 진부화 등의 개념으로 사용한다. 하지만 회계상 감가상각은 실제 가치 변동과 무관하다. 감가상각은 단순히 최초 취득 시 발생한 지출을 사용 기간에 나누어 비용으로 인식하는 과정이다. 취득원가를 어떠한 방식으로 분배할지는 추정에 따른다.

감가상각은 사전에 여러 가지를 가정해놓고 그 방식대로 비용처리 할 금액을 분배하는 것일 뿐, 자산의 실제 가치에 따라 비용화하는 것이 아니다. 실제 가치 변동은 중급회계에서 배울 공정가치 평가 및 손상을 통해 반영된다.

2 감가상각 회계처리 및 표시

감가상각은 연중 고르게 이루어지지만, 회계처리는 편의를 위해 기말에 한 번에 이루어진다. 따라서 감가상각 회계처리는 기말수정분개에 해당한다.

감가상각을 통해 각 회계기간에 배분된 비용을 '감가상각비'라고 부른다. 회계처리 시에는 차변에는 계산된 감가상각비를 기록하고, 대변에 건물이나 기계장치 등 자산을 직접 차감하는 것이 아니라 '감가상각누계액'이라는 차감적 평가 계정을 기록한다. 감가상각비는 비용이므로 각 연도에 인식하는 '변동분'이고, 감가상각누계액은 자산의 차감이므로 특정 시점의 '잔액'이다. 회계처리는 다음과 같이 이루어진다.

(차) 감가상각비   100,000   (대) 감가상각누계액   100,000

취득원가가 1,000,000인 건물에 대해 100,000의 감가상각비를 인식하면 재무상태표에 다음과 같이 표시된다.

재무상태표

건물	1,000,000
감가상각누계액	(100,000)
	900,000

건물의 실제 금액은 900,000이지만, 취득원가를 표시하기 위해서 감가상각누계액을 이용하는 것이다. 이렇게 회계처리하면 취득원가(총액)와 장부금액(순액)을 모두 표시할 수 있는데, 이를 '간접법'이라고 부른다. 이후에도 간접법 회계처리가 등장하니 간접법이 무엇인지 이해하고 넘어가자.

3 감가상각의 시점

감가상각은 자산이 사용가능한 때부터 시작한다. '사용가능한' 상태는 경영진이 자산을 가동하는 데 필요한 장소와 상태에 이르는 것을 의미한다. 가령, 컴퓨터를 구입했는데 아직 배송이 이루어지지 않아 공장에 있다거나, 아직 설치를 안 해서 사용할 수 없다면 감가상각을 시작해서는 안 된다. 자산이 운휴(작동 X) 중이거나 적극적인 사용상태가 아니어도 감가상각이 완전히 이루어지기 전까지는 감가상각을 중단하지 않는다. 감가상각은 '취득원가의 배분'이라고 설명했었다. 취득원가를 가정에 따라 각 기간에 배분할 뿐, 실제로 얼마나 많이 사용했는지는 감가상각에 전혀 영향을 미치지 않는다.

4 감가상각 대상 자산

다음의 예외를 제외한 모든 유, 무형자산은 감가상각을 수행한다.

1. 토지

토지는 영원하다고 보아 감가상각을 수행하지 않는다.

2. 건설중인자산

건설중인자산은 제작에 장기간이 소요되어, 아직 건설이 완료되지 않은 자산을 의미한다. 회사에서 사옥으로 사용하기 위해 짓고 있는 건물이 건설중인자산의 사례이다. 건설중인자산은 감가상각을 하지 않으며, 건설이 완료된 후 사용이 가능한 시점부터 감가상각을 수행한다.

3. 영업권, 내용연수가 비한정인 무형자산

위 둘은 중급회계 '무형자산' 장에서 배울 것이다. 지금은 무형자산 중에서 상각하지 않는 예외가 있다는 것만 기억하고 넘어가자.

5 감가상각요소

감가상각을 하기 위해서는 여러 가정이 필요하다. 몇 년간 상각할지, 얼마까지 상각할지, 어떤 방식으로 상각할 것인지 등 구체적인 사항들을 정해야 하기 때문이다. 이러한 가정들을 감가상각요소라고 부르며, 다음과 같다.

1. 취득원가: 자산을 취득하기 위하여 취득 시점에 지급한 대가
2. 내용연수(n): 기업이 자산을 사용할 수 있을 것으로 예상하는 기간
3. 잔존가치(s): 자산이 내용연수 종료시점에 도달했다고 가정했을 때 추정되는 자산의 가치. 주로 0으로 출제되나, 0이 아닌 경우도 있으므로 항상 잔존가치를 확인하는 습관을 기르길 바란다.
4. 감가상각대상금액: 취득원가-잔존가치. 감가상각대상금액은 내용연수 동안 감가상각할 총금액으로, 배분의 대상이 되는 금액이다.
5. 감가상각방법: 감가상각방법은 해당 자산에 내재되어 있는 미래경제적효익의 예상 소비형태를 가장 잘 반영하는 방법에 따라 선택한다. 감가상각방법에는 후술할 5가지 방법이 있다.
6. 장부금액: 취득원가-감가상각누계액. 문제에서 해당 연도의 감가상각비나 해당 연도 말 감가상각누계액을 주로 묻지만, '장부금액'을 묻는 경우도 종종 있다. 이 때 장부금액을 취득원가와 헷갈리는 경우가 많은데, 장부금액은 취득원가에서 감가상각누계액을 차감한 순액을 의미한다.

6 감가상각방법 ★중요!

정액법, 연수합계법	(취득원가－잔존가치)×상각률
정률법, 이중체감법	기초 장부금액×상각률

회계학 시험에 출제되는 감가상각방법에는 크게 4가지가 있으며, 크게 둘로 나뉜다. 위의 세 가지는 각 방법마다 상각률만 다를 뿐 (취득원가-잔존가치)에 상각률을 곱하는 것은 동일하다. 아래의 두 가지도 상각률만 다를 뿐 미상각잔액에 상각률을 곱하는 것은 동일하다. 기초 장부금액은 '취득원가-기초 감가상각누계액'을 말한다.

📝예제 1. 감가상각방법별 감가상각비 계산

㈜김수석은 20X1년 1월 1일에 기계장치를 ₩1,100,000에 취득하였다. 내용연수는 4년으로 추정되며, 잔존가치는 ₩100,000이다. 다음의 각 방법별로 내용연수 종료 시까지 연도별 감가상각비를 계산하시오.

1. 정액법
2. 연수합계법
3. 정률법 (단, 상각률은 0.451이다.)
4. 이중체감법

▌해설

1. 정액법: (취득원가－잔존가치)÷내용연수
정액법은 감가상각대상금액을 내용연수 동안 동일하게 배분하는 방법이다. 감가상각 방법 중 가장 빈번하게 출제되는 방법이다.
예제의 연도별 감가상각비를 계산하면 다음과 같다.

시점	감가상각비	감가상각누계액	장부금액
X1말	(1,100,000 － 100,000)×1/4 = 250,000	250,000	850,000
X2말	(1,100,000 － 100,000)×1/4 = 250,000	500,000	600,000
X3말	(1,100,000 － 100,000)×1/4 = 250,000	750,000	350,000
X4말	(1,100,000 － 100,000)×1/4 = 250,000	1,000,000	100,000

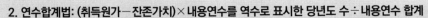

2. 연수합계법: (취득원가−잔존가치)×내용연수를 역수로 표시한 당년도 수÷내용연수 합계

상각률의 분모에 내용연수 합계가 들어가서 연수합계법이라고 부르는 감가상각방법이다. 예를 들어, 내용연수가 4년이라고 가정할 때, '내용연수를 역수로 표시한 당년도 수'란 취득연도에는 4부터 시작해서 다음 연도에는 3, 2, 1로 줄어드는 것을 말한다. '내용연수 합계'란 (4+3+2+1=10)와 같이 1부터 해당 내용연수까지의 합을 의미한다. 내용연수가 n이라면, 내용연수 합계는 다음과 같이 구한다. 내용연수가 길어서 일일이 더할 수 없는 경우 다음의 공식을 활용하자.

$$n(n+1)/2$$

예제의 연도별 감가상각비를 계산하면 다음과 같다.

시점	감가상각비	감가상각누계액	장부금액
X1말	$(1{,}100{,}000 - 100{,}000) \times 4/10 = 400{,}000$	400,000	700,000
X2말	$(1{,}100{,}000 - 100{,}000) \times 3/10 = 300{,}000$	700,000	400,000
X3말	$(1{,}100{,}000 - 100{,}000) \times 2/10 = 200{,}000$	900,000	200,000
X4말	$(1{,}100{,}000 - 100{,}000) \times 1/10 = 100{,}000$	1,000,000	100,000

3. 정률법: (취득원가−기초 감가상각누계액)×감가상각률

내용연수가 끝났을 때 장부금액이 잔존가치와 일치하도록 상각률을 정해놓고, 미상각잔액에 상각률을 곱해서 감가상각비를 구하는 방법이다. 예제의 연도별 감가상각비를 계산하면 다음과 같다. 정률법의 감가상각률은 예제처럼 문제에서 제시해 줄 것이므로, 직접 구할 필요 없이, 해당 상각률을 사용하면 된다.

시점	감가상각비	감가상각누계액	장부금액
X1말	$1{,}100{,}000 \times 0.451 = 496{,}100$	496,100	603,900
X2말	$(1{,}100{,}000 - 496{,}100) \times 0.451 = 272{,}359$	768,459	331,541
X3말	$(1{,}100{,}000 - 768{,}459) \times 0.451 = 149{,}525$	917,984	182,016
X4말	$(1{,}100{,}000 - 917{,}984) \times 0.451 = 82{,}089$	1,000,073	99,927(단수차이)

X4말 장부금액은 잔존가치인 100,000이어야 한다. 상각률 0.451은 4번 상각하면 100,000이 되게 역산한 수치이기 때문이다. 정률법 문제에서 상각률은 제시가 될 것이며, 0.451로 제시된 본 예제와 달리 계산이 용이한 숫자로 제시될 것이다. 0.451은 다음과 같은 식에서 도출되었지만, 도출과정은 중요하지 않다.

$$0.451 = 1 - (100{,}000/1{,}100{,}000)^{0.25}$$

4. 이중체감법: (취득원가−기초 감가상각누계액)×2/내용연수

이중체감(잔액)법은 정률법과 계산하는 방식이 동일하지만, 정률법의 감가상각률 대신 '2/내용연수'를 사용한다는 점만 다르다. 이는 정액법 상각률의 2배이다. 예를 들어 내용연수가 4년이라면 2/4=0.5가 이중체감법의 상각률이 되는 것이다. 기출 문제에서 '이중체감잔액법'이라고 출제된 적도 있으니 당황하지 말자.
예제의 연도별 감가상각비를 계산하면 다음과 같다.

시점	감가상각비	감가상각누계액	장부금액
X1말	1,100,000×2/4 = 550,000	550,000	550,000
X2말	550,000×2/4 = 275,000	825,000	275,000
X3말	275,000×2/4 = 137,500	962,500	137,500
X4말	137,500 − 100,000 = 37,500	1,000,000	100,000

이중체감법에 따르면 마지막 해의 감가상각비는 기초 미상각잔액에서 잔존가치를 차감한 방식으로 계산한다. 취득원가와 잔존가치를 고려해서 정확한 상각률을 구하는 정률법과 달리 이중체감법은 내용연수의 역수의 2를 정률법으로 정하기 때문에 상각 완료 시점의 장부금액이 잔존가치와 차이가 나기 때문이다. X4말도 이중체감법의 원래 방식대로 감가상각하면 다음과 같다.

| X4말 | 137,500×2/4=68,750 | 1,031,250 | 68,750 |

이 경우 장부금액이 잔존가치인 100,000과 일치하지 않는다. 하지만 출제진도 이러한 문제점이 있다는 것을 알기 때문에 이중체감법 문제에서는 마지막 연도를 묻지 않을 것이다.

예제 1

㈜한국은 2009년 1월 1일에 기계를 ₩100,000에 취득하였다. 이 기계의 내용연수는 4년이고, 잔존가치는 ₩20,000으로 추정된다. 2009년 12월 31일 이 기계의 감가상각을 정액법과 연수합계법을 적용하여 계산할 때 두 방법의 감가상각비 차이는?　　　　　　　　　　　　(국가직 9급 2010)

① ₩13,000　　　　② ₩12,000　　　　③ ₩11,000　　　　④ ₩10,000

│해설

정액법: (100,000−20,000)×1/4=20,000　　　연수합계법: (100,000−20,000)×4/10=32,000
감가상각비 차이: 12,000

답 ②

예제 2

㈜한국은 2009년 1월 1일에 기계를 ₩100,000에 취득하였다. 이 기계의 내용연수는 4년이고, 잔존가치는 ₩20,000으로 추정된다. 2009년 12월 31일 이 기계의 감가상각을 상각률 40%의 정률법과 이중체감법을 적용하여 계산할 때 두 방법의 감가상각비 차이는?　　　　　　　(국가직 9급 2010 수정)

① ₩13,000　　　　② ₩12,000　　　　③ ₩11,000　　　　④ ₩10,000

│해설

정률법: 100,000÷40%=40,000　　　이중체감법: 100,000÷2/4=50,000
감가상각비 차이: 10,000

답 ④

7 특정 시점의 장부금액을 빠르게 구하기

1. 정액법 ★중요

> X2말 감가상각누계액 = (1,100,000 - 100,000)×2/4 = 500,000
> X3말 감가상각누계액 = (1,100,000 - 100,000)×3/4 = 750,000
> X3말 장부금액 = 취득원가 - X3말 감가상각누계액

정액법은 매년 상각비가 1/n으로 동일하므로, 경과 내용연수만큼 상각대상금액을 상각하면 특정 시점의 감가상각누계액을 쉽게 구할 수 있다.

2. 연수합계법 ★중요

> X2말 감가상각누계액 = (1,100,000 - 100,000)×(4 + 3)/10 = 700,000
> X3말 감가상각누계액 = (1,100,000 - 100,000)×(4 + 3 + 2)/10 = 900,000
> X3말 장부금액 = 취득원가 - X3말 감가상각누계액

유형자산을 취득한 첫 연도부터 상각률의 분자가 4, 3, 2, 1로 감소하므로 특정 연도 말의 감가상각누계액을 구할 때엔 각 연도별 감가상각비를 계산할 필요 없이 누적으로 한 번에 계산할 수 있다. 특정 시점의 감가상각누계액과 장부금액은 자주 묻는 요소이므로 반드시 숙지하자.

3. 정률법과 이중체감법

> X2말 장부금액 = 취득원가×(1 - 상각률)^2
> X3말 장부금액 = 취득원가×(1 - 상각률)^3
> X3말 감가상각누계액 = 취득원가 - X3말 장부금액

정률법 가정 시 X3말 장부금액은 1,100,000×(1-0.451)^3=182,016 으로 각 연도별 감가상각비를 구할 필요 없이 한 번에 계산할 수 있다. 이중체감법도 상각률만 다를 뿐 같은 방식으로 계산이 가능하다. 다음 그림을 보면, 매년 기초 미상각잔액 중 0.451에 해당하는 부분은 감가상각 되고,

0.549에 해당하는 부분은 기말에 남기 때문에 경과된 연수만큼 0.549(=1-0.451)를 제곱하면 장부금액을 구할 수 있다.

```
        X1
┌──────────────────┐
│   상각(0.451)      │         X2
├──────────────────┤   ┌──────────────────┐
│                  │   │   상각(0.451)      │         X3
│   잔액(0.549)      │   ├──────────────────┤   ┌──────────────────┐
│                  │   │                  │   │   상각(0.451)      │
│                  │   │   잔액(0.549)      │   ├──────────────────┤
└──────────────────┘   │                  │   │   잔액(0.549)      │
                       └──────────────────┘   └──────────────────┘
```

8 감가상각 자산의 처분

(차) 현금   처분가액   (대) 유형자산   취득원가
    감가상각누계액   감누
    유형자산처분손실   XXX   or 유형자산처분이익   XXX

유형자산을 처분하는 경우는 유형자산을 장부에서 제거해야 한다. 유형자산에 감가상각누계액이 계상되어 있다면 취득원가뿐만 아니라 감가상각누계액을 함께 제거해주어야 한다. 감가상각누계액은 자산 차감 항목으로 대변에 계상되므로, 제거할 때엔 차변에 계상해야 한다.

> 유형자산처분손익 = 처분가액 − 장부금액

유형자산을 처분하는 경우는 처분가액과 장부금액의 차이를 유형자산처분손익으로 인식한다. 여기서 장부금액이란, 취득원가에서 감누를 차감한 순액을 의미한다. 처분가액이 장부금액보다 큰 경우에는 대변에 처분이익이, 처분가액이 장부금액보다 작은 경우에는 차변에 처분손실이 계상된다.

예제 2. 감가상각 자산의 처분

㈜김수석은 20X1년 1월 1일 기계장치를 ₩600,000에 취득하였다. 기계장치의 내용연수는 4년, 잔존가치는 ₩100,000으로 추정된다. 회사는 동 기계장치를 20X3년 1월 1일 ₩200,000에 처분하였다. 회사가 기계장치를 1) 정액법으로 상각했을 경우와, 2) 연수합계법으로 상각했을 경우의 처분손익을 구하시오.

해설

(1) 정액법
　　X3년초 감가상각누계액: (600,000 − 100,000)×2/4 = 250,000
　　X3년초 장부금액: 600,000 − 250,000 = 350,000
　　처분손익: 200,000 − 350,000 = 150,000 손실

|회계처리|

X1초 (차) 기계장치	600,000	(대) 현금	600,000
X1말 (차) 감가상각비	125,000	(대) 감가상각누계액	125,000
X2말 (차) 감가상각비	125,000	(대) 감가상각누계액	125,000
X3초 (차) 현금	200,000	(대) 기계장치	600,000
감가상각누계액	250,000		
처분손실	150,000		

(2) 연수합계법
　　X3년초 감가상각누계액: (600,000 − 100,000)×(4+3)/10 = 350,000
　　X3년초 장부금액: 600,000 − 350,000 = 250,000
　　처분손익: 200,000 − 250,000 = 50,000 손실

|회계처리|

X1초 (차) 기계장치	600,000	(대) 현금	600,000
X1말 (차) 감가상각비	200,000	(대) 감가상각누계액	200,000
X2말 (차) 감가상각비	150,000	(대) 감가상각누계액	150,000
X3초 (차) 현금	200,000	(대) 기계장치	600,000
감가상각누계액	350,000		
처분손실	50,000		

Memo

사채와 유효이자율법

CPA 수석이 알려주는 컴팩트 회계학
김용재의 회계원리

1 현재가치

1. 현재가치의 개념

오늘		1년 뒤		2년 뒤
100만원 (현재가치)	이자: ×(1+10%) → 할인: ← ÷(1+10%)	110만원	이자: ×(1+10%) → 할인: ← ÷(1+10%)	121만원 (미래가치)

미래현금흐름은 현재의 현금흐름과 동일한 가치를 갖지 않는다. 가령, 오늘 100만원의 가치는 1년 뒤 100만원의 가치와 다르다. 현금은 시간이 지남에 따라 이자가 붙기 때문이다. 이자율을 10%라고 가정하면 오늘 100만원은 1년 뒤 110만원(=100만원×1.1)이 되며, 여기에 1년이 더 지나면 또 이자가 붙어서 121만원(=110만원×1.1)이 된다.

반대로 121만원을 1.1으로 나누면 110만원이 계산되고, 한 번 더 나누면 100만원이 된다. 이처럼 미래의 현금흐름을 이자율로 나누는 것을 할인이라고 부르며, 이렇게 계산된 미래현금흐름이 현재 갖는 가치를 현재가치(PV, Present Value)라고 부른다.

위 내용을 수식으로 표현하면 다음과 같다.

$$100 = \frac{110}{(1+10\%)^1} = \frac{121}{(1+10\%)^2}$$

먼 미래일수록 (1+이자율)로 나눠주는 횟수를 늘리면 된다. 따라서 현재가치는 다음의 방식으로 계산된다. 구체적인 현재가치 계산 방법은 예제를 통해 설명한다.

$$\text{현재가치(PV)} = \sum \text{미래CF} \div (1+\text{이자율})^n$$

2. 현재가치계수

현재가치를 하기 위해서는 위의 식처럼 나누기 계산을 해야 하므로 회계학 문제에서는 계산의 편의를 위해 '현재가치계수'라는 것을 제시한다. 현재가치계수는 현금흐름에 곱하면 현재가치를 구할 수 있는 계수를 의미한다. 현재가치계수는 연금현가계수와 단순현가계수로 나뉜다.

> 연금현가계수: 매기 동일한 현금흐름(연금현금흐름)의 현재가치계수
> 단순현가계수: 1회성 현금흐름(단순현금흐름)의 현재가치계수

매기 동일한 현금흐름을 연금현금흐름이라고 부르며, 연금현가계수를 곱하면 현재가치를 구할 수 있다. 액면금액과 같은 1회성 현금흐름을 단순현금흐름이라고 부르며, 단순현가계수를 곱하면 현재가치를 구할 수 있다.

☑예제 1

(주)김수석은 20X1년 1월 1일에 토지를 취득하였다. 각 상황별로 매입대금 ₩3,000,000을 다음과 같이 지급할 때, 매입대금의 현재가치를 계산하시오. (단, 유효이자율은 연 10%이며, 이자율 10%, 기간 3년일 경우 정상연금 현재가치계수는 2.48685이고, ₩1의 현재가치계수는 0.75131이다.)

상황 1. 20X3년 12월 31일에 ₩3,000,000 지급

상황 2. 20X1년부터 매년 말에 ₩1,000,000씩 3회 지급

▌해설

상황 1: 3,000,000×0.75131 = 2,253,930
상황 2: 1,000,000×2.48685 = 2,486,850

현재가치를 구하기 위해서 가장 먼저 할 일은 현금흐름을 파악하는 것이다. 상황 1의 경우 X3년 말에 ₩3,000,000을 한 번 지급하고, 상황 2의 경우 X1년 말부터 매년 말 ₩1,000,000씩 3번 지급한다. 이를 그림으로 표현하면 다음과 같다.

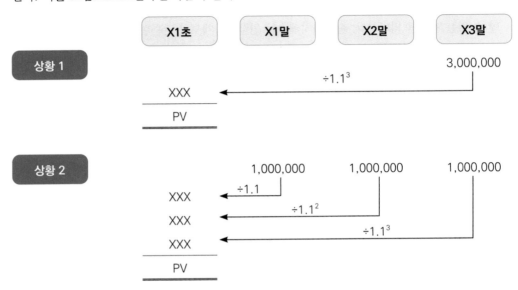

각 상황별 현재가치는 다음과 같이 계산한다.

상황 1의 현재가치

① PV = 3,000,000 ÷ 1.1^3 　**계산기 사용법**　 1.1 ÷ ÷ 3,000,000 ===

② 　 ≒ 3,000,000×0.75131 = 2,253,930

문제에 제시된 단순현가계수 0.75131은 '$1/1.1^3$'을 의미한다. 이를 이용하면 ②번과 같이 식을 변환할 수 있다.

상황 2의 현재가치

① PV = 1,000,000 ÷ 1.1^1 + 1,000,000 ÷ 1.1^2 + 1,000,000 ÷ 1.1^3

② 　 = 1,000,000×($1/1.1^1$ + $1/1.1^2$ + $1/1.1^3$) = 2,486,852

　계산기 사용법　 1.1÷÷1 === GT × 1,000,000 =

③ 　 ≒ 1,000,000×2.48685 = 2,486,850

문제에 제시된 연금현가계수 2.48685는 '($1/1.1^1$+$1/1.1^2$+$1/1.1^3$)'을 의미한다. 이를 이용하면 ③번과 같이 식을 변환할 수 있다.

현가계수를 이용하면 정확히 계산한 2,253,944(=3,000,000÷1.1^3) (상황 1), 2,486,852 (=1,000,000×($1/1.1^1$+$1/1.1^2$+$1/1.1^3$)) (상황 2) 와 다소 차이가 나는데, 이는 현가계수를 소수 다섯째 자

리까지만 구해서 발생하는 단수 차이이다. 원래 '1÷1.1³'은 '0.7513148009~'으로 나누어 떨어지지 않는 수이다. 이를 0.75131까지만 반올림하여 사용하다 보니 정확한 값과 단수 차이가 발생하는 것이다. 실전에서는 단수차이를 무시하고, 문제에서 제시한 현가계수를 이용하면 된다.

위와 같이 현가계수를 이용한 현재가치 계산 식을 표현하면 다음과 같다.

$$PV = 연금현금흐름 \times 연금현가계수 + 단순현금흐름 \times 단순현가계수$$

2 사채

1. 사채의 정의

사채(bond)란, 기업이 자금을 조달하기 위해 채권을 발행한 경우 발생하는 부채이다. 투자자가 채권을 매입하는 경우 채권자가 되며, 정해진 기일(예 매년 12월 31일)에 이자를 지급받고, 만기에는 원금을 수령한다. 주의할 점은, 사채는 자산이 아니라 부채 계정과목이라는 것이다. 채권을 보유하는 투자자는 보유목적에 따라 '~~ 금융자산'으로 분류하게 된다. 금융자산의 분류는 재무회계에서 배울 것이다.

2. 사채의 구성요소

(1) 만기: 사채를 상환하는 기간. 감가상각 자산의 내용연수와 비슷한 개념이다.

(2) 액면금액: 사채의 표면에 표시된 금액으로, 사채의 발행자가 채권자에게 만기에 지급할 금액을 뜻한다.

(3) 액면이자와 액면이자율: 액면이자=액면금액×액면이자율

액면이자는 계약상 이자 지급일에 지급하기로 한 이자 금액을 의미한다. 쉽게 말해서, 매년 주기적으로 받는 이자가 액면이자이다.

액면이자율은 액면금액 중 액면이자로 지급하는 이자율을 의미한다. '액면이자율=액면이자/액면금액'의 관계가 있다.

액면이자와 액면이자율은 채권에 표시되어 있다고 해서 각각 '표시이자', '표시이자율'이라고 부르기도 한다.

(4) 시장이자율(≒유효이자율): 채무자의 신용도 등을 고려하여 시장에서 결정된 이자율. 여러 이자율 가운데 시장이자율을 유효이자율로 '선택'하여 현재가치 및 상각 시 이용한다.

주의 ⚠ 시장이자율과 유효이자율

많은 수험생이 시장이자율과 유효이자율의 개념을 혼동한다. 시장이자율은 채무자의 신용도를 고려하여 시장에서 결정된 이자율이며, **유효이자율은 현재가치 시에 사용하는 할인율이다.**

시장이자율과 유효이자율의 관계는 선지와 답안의 관계와 동일하다. 문제에는 ①~④번의 선지가 있고, 수험생은 이 가운데 ①번을 답으로 고른다.

이자율도 똑같다. 세상에는 여러 가지 이자율이 있다. 시장이자율은 시세와 마찬가지이기 때문에 지속적으로 변한다. 여러 시장이자율(선지) 중 특정 시점의 시장이자율을 유효이자율(답안)로 사용하는 것이다. 수험 목적상으로는 **시장이자율과 유효이자율을 동일한 개념으로 이해해도 무방하다.**

---

(5) 발행금액 (or 발행가액): 사채 발행 시 차입하는 금액. 사채의 미래현금흐름을 할인한 금액인 현재 가치가 발행금액이 된다. 수험 목적상으로는 현재가치와 동일한 개념으로 보아도 무방하다. 사채의 발행금액은 다음과 같이 계산한다.

> 사채의 발행금액 = 액면이자×연금현가계수 + 액면금액×단순현가계수

김수석의 핵심 콕! 올바른 현가계수 구하기-유효이자율 이용!

아래 예제를 보면 다음과 같이 총 4개의 현가계수가 제시되어 있다.

단일금액 ₩1의 현재가치요소(10%, 3년) = 0.75
단일금액 ₩1의 현재가치요소(15%, 3년) = 0.66
정상연금 ₩1의 현재가치요소(10%, 3년) = 2.49
정상연금 ₩1의 현재가치요소(15%, 3년) = 2.28

10% 현가계수 2개와 15% 현가계수 2개가 제시되어 있는데, 유효이자율에 해당하는 현가계수만 사용해야 한다. 유효이자율이 현금흐름을 할인하는 할인율이기 때문이다. 본 문제에서는 15%의 현가계수인 0.66과 2.28만 사용했다. 참고로, 10%는 액면이자율이다. 일반적으로 유효이자율과 액면이자율을 제시하고, 수험생의 혼동을 유발하기 위해서 유효이자율의 현가계수와 함께 액면이자율의 현가계수를 제시한다. **액면이자율의 현가계수는 절대로 사용해서는 안 된다.** 액면이자율은 액면이자를 구하기 위해서만 쓰일 뿐, 현재 가치 계산 시 사용되지 않는다.

📝예제 2. 사채의 현재가치

(주)대한은 2011년 1월 1일에 표시이자율 10%, 액면가액 ₩10,000, 이자지급은 매년 12월 31일 후불 조건, 만기 3년의 사채를 발행하였다. 발행시점에서 동 사채에 적용된 유효이자율이 15%일 경우 사채의 발행금액은? (단, 사채발행금액 계산에는 다음 자료를 이용하시오) (국가직 9급 2011)

| 단일금액 ₩1의 현재가치요소(10%, 3년) = 0.75 |
| 단일금액 ₩1의 현재가치요소(15%, 3년) = 0.66 |
| 정상연금 ₩1의 현재가치요소(10%, 3년) = 2.49 |
| 정상연금 ₩1의 현재가치요소(15%, 3년) = 2.28 |

① ₩8,880

② ₩9,090

③ ₩9,780

④ ₩10,000

▌해 설

이자지급일이 매년 말이고, 액면이자는 '10,000×10%＝1,000'이므로 11년 말부터 매년 말 1,000씩 지급받고, 만기인 13년 말에는 액면금액 10,000을 수령한다.

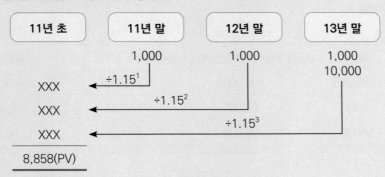

① $PV = 1,000 \div 1.15^1 + 1,000 \div 1.15^2 + 1,000 \div 1.15^3 + 10,000 \div 1.15^3$

　　현재가치를 구하는 위의 식에서 현금흐름을 이자와 액면금액으로 구분하면 다음과 같다.

② 　$= 1,000 \times (1/1.15^1 + 1/1.15^2 + 1/1.15^3) + 10,000 \times 1/1.15^3$

　　문제에 제시된 현가계수를 이용하면 다음과 같이 식을 변환할 수 있다.

③ 　$≒ 1,000 \times 2.28 + 10,000 \times 0.66 = 8,880$

　계산기 사용법 $1,000 \times 2.28\,M + 10,000 \times 0.66\,M+\,MR$

정답 ①

3 유효이자율 상각 ★중요!

미래현금흐름을 현재 시점에 상당하는 가치로 변환하는 방법을 배웠다. 이제 현재가치를 다시 미래현금흐름으로 되돌리는 과정에 대해서 배울 것이다. 현재가치 할 때 유효이자율을 사용했기 때문에, 이를 미래현금흐름으로 되돌릴 때에도 유효이자율을 사용한다. 이처럼 현재가치를 미래현금흐름으로 되돌리는 과정을 '유효이자율 상각'이라고 부르며, 이때 그리는 표를 '유효이자율 상각표'라고 부른다.

1. 사채의 유효이자율 상각

☑예제 3

㈜김수석은 X1년 초 액면금액 ₩1,000,000, 만기 3년, 액면이자율 8%, 유효이자율 10%, 이자지급일이 매년 12월 31일인 사채를 발행하였다. 10%, 3기 단일금액 ₩1의 현가는 0.75131이고, 정상연금 ₩1의 현가는 2.48685이다. 사채의 현재가치를 구하고, 유효이자율 상각표를 그리시오.

┃해설

|유효이자율 상각표|

	유효이자(10%)	액면이자(8%)	상각액	장부금액
X0	액면이자×연금현가계수 + 액면금액×단순현가계수 =			①950,263
X1	②95,026	③80,000	④15,026	⑤965,289
X2	96,529	80,000	16,529	981,818
X3	98,182	80,000	18,182	1,000,000

현가계수를 이용한 현재가치는 950,258이지만, 단수차이를 없애기 위해서 상각표에서는 현가계수를 이용하지 않고, 정확한 현재가치인 950,263을 이용하여 상각표를 그렸다.

유효이자율 상각표는 실제로 시험에서 제시되므로 작성법을 숙지해야 한다. 각 시점은 기말 시점을 표시한 것으로, X0은 X1년 초(=X0년 말)를, X1은 X1년 말을 의미한다.

Step 1. 현재가치(=발행금액) 구하기

유효이자율 상각표를 그리기 위해서는 현재가치를 구해야 한다. 현재가치를 구하기 위해 우선 현금흐름을 파악한다.

	X1년 말	X2년 말	X3년 말
액면이자	80,000	80,000	80,000
액면금액			1,000,000

> 액면이자 = 1,000,000×8% = 80,000
> 사채의 현재가치 = 80,000×2.48685 + 1,000,000×0.75131 = 950,258
> **계산기 사용법** 80,000×2.48685M + 1,000,000×.75131M + MR

Step 2. 유효이자(=이자손익)=기초 장부금액×유효이자율

발행금액을 결정했다면 유효이자를 인식하여 상각을 해야 한다. 유효이자는 기초 장부금액에 유효이자율을 곱한 금액으로 한다. 사채를 발행한 채무자는 해당 금액을 이자비용으로 인식한다. 반대로, 사채에 투자한 채권자는 해당 금액을 이자수익으로 인식한다.

Step 3. 액면이자=액면금액×액면이자율

액면이자는 액면금액에 액면이자율을 곱한 금액이다. 본 문제의 경우 1,000,000×8%=80,000이다. 액면이자는 매년 동일하므로 한 번만 계산한 뒤, 그 아래는 같은 금액으로 채우면 된다.

Step 4. 상각액=유효이자-액면이자

상각액은 유효이자에서 액면이자를 차감한 금액이다.

Step 5. 기말 장부금액=기초 장부금액+상각액

상각액은 유효이자 중 현금 지급액(액면이자)을 제외한 부분으로, 그만큼 사채의 장부금액에 가산된다. 기초 장부금액에 상각액을 더하면 기말 장부금액이 계산되며, 기말 장부금액에 다시 유효이자율을 곱해서 Step 2의 유효이자 계산부터 다시 시작하면 된다.

 유효이자율 상각 계산기 사용법

기초 장부금액 × 유효이자율 % + − 액면이자 ×⋯
ex> 950,263×10%+−80,000×

앞으로 회계학을 공부하면서 유효이자율 상각을 할 일이 정말 많을 것이다. 이때 위와 같이 계산기를 누르면 빠르게 유효이자율 상각을 할 수 있다.

1. 기초 장부금액 곱하기 유효이자율% +

950,263에 10%를 곱해보자. 이때, 10%를 누를 때 0.1을 누르는 게 아니라, 반드시 10을 먼저 누른 뒤 %를 눌러야 한다. 왜 이래야 하는지는 뒤에 +를 눌러보면 안다. 1,045,289가 나올 것이다. 카시오 계산기에서 '950,263×10%+'는 '950,263×(1+10%)'를 의미한다. (참고로 '950,263×10%−'는 '950,263×(1−10%)'를 의미한다.)

2. − 액면이자 ×⋯

기초 장부금액에 유효이자를 더했으므로, 액면이자를 빼야 기말 장부금액이 나온다. 따라서 1,045,289에 80,000을 빼자. 그리고 그 다음 해 상각을 또 해야 하므로 ×를 누르자. ×를 누르는 순간 965,289가 나올 텐데, 이것이 x1년 말 장부금액이고, 여기에 다시 '10%+−80,000×'를 누르면 981,818로 x2년 말 장부금액이 나올 것이다. 이 계산기 계산법은 많이 연습해두자. 앞으로 시험 끝나는 날까지 계속 쓸 계산법이다.

|회계처리|

X1초 (차) 현금	950,263	(대) 사채	950,263		
X1말 (차) ①이자비용	95,026	(대) ② 현금	80,000		
		③ 사채	15,026 ⌟	965,289	
X2말 (차) ①이자비용	96,529	(대) ② 현금	80,000		
		③ 사채	16,529 ⌟	981,818	
X3말 (차) ①이자비용	98,182	(대) ② 현금	80,000		
		③ 사채	18,182 ⌟	1,000,000	
(차) 사채	1,000,000	(대) 현금	1,000,000		

유효이자를 이자비용으로 인식하고, 액면이자만큼 현금이 유출된다. 이자비용 중 현금 부족분은 상각액으로, 사채의 장부금액이 증가한다.

2. 다양한 현금흐름의 유효이자율 상각

📝예제 4

(주)김수석은 20X1년 1월 1일에 토지를 취득하였다. 각 상황별로 매입대금 ₩3,000,000을 다음과 같이 지급할 때, 매입대금의 현재가치를 구하고, 유효이자율 상각표를 그리시오. (단, 유효이자율은 연 10%이며, 이자율 10%, 기간 3년일 경우 정상연금 현재가치계수는 2.48685이고, ₩1의 현재가치계수는 0.75131 이다.)

상황 1. 단순현금흐름: 20X3년 12월 31일에 ₩3,000,000 지급

상황 2. 연금현금흐름: 20X1년부터 매년 말에 ₩1,000,000씩 3회 지급

▎해 설

상황 1

	유효이자(10%)	액면이자	상각액	장부금액
X0			3,000,000×0.75131 =	2,253,930
X1	225,393	—	225,393	2,479,323
X2	247,932	—	247,932	2,727,255
X3	272,745(단수조정)	—	272,745	3,000,000

중도에 지급하는 금액 없이 만기에만 현금을 지급하기 때문에 매기 유효이자는 그대로 장부금액에 가산된다.

|회계처리|

X1초 (차) 토지	2,253,930	(대) 미지급금	2,253,930
X1말 (차) ①이자비용	225,393	(대) ②미지급금	225,393 ⌐2,479,323
X2말 (차) ①이자비용	247,932	(대) ②미지급금	247,932 ⌐2,727,255
X3말 (차) ①이자비용	272,745	(대) ②미지급금	272,745 ⌐3,000,000
(차) 미지급금	3,000,000	(대) 현금	3,000,000

상황 2

	유효이자(10%)	액면이자	상각액(유효이자−지급액)	장부금액
X0			1,000,000×2.48685 =	2,486,850
X1	248,685	—	(751,315)	1,735,535
X2	173,554	—	(826,446)	909,089
X3	90,911 (단수조정)	—	(909,089)	0

유효이자만큼 장부금액이 증가하지만 매년 말 1,000,000씩 상환하기 때문에 상각액은 '유효이자−지급액'이 된다. 매년 장부금액이 감소하다가 X3년말에 0이 된다.

|회계처리|

X1초 (차) 토지	2,486,850	(대) 미지급금	2,486,850		
X1말 (차) ① 이자비용	248,685	(대) ② 현금	1,000,000		
③ 미지급금	751,315			⌐	1,735,535
X2말 (차) ① 이자비용	173,554	(대) ② 현금	1,000,000		
③ 미지급금	826,447			⌐	909,089
X3말 (차) ① 이자비용	90,911	(대) ② 현금	1,000,000		
③ 미지급금	909,089			⌐	0

Memo

7

자본

CPA 수석이 알려주는 컴팩트 회계학
김용재의 회계원리

1 PL과 OCI

1장에서 당기순이익(NI)과 기타포괄손익(OCI)에 대해서 설명한 바 있다. 본 장에서는 당기순이익과 기타포괄손익이 어떻게 누적되고, 어떻게 제거되는지 배울 것이다.

1. 이익잉여금과 기타포괄손익의 누적 과정

포괄손익계산서(변동분): 총포괄손익(CI) = 당기순이익(NI) + 기타포괄손익(OCI)

↓ (집합손익) ↓

재무상태표(잔액) 이익잉여금 기타포괄손익

재무제표 작성 과정에서 손익 항목의 마감에 대해 배웠다. 당기손익 항목들은 전부 집합손익을 거쳐 이익잉여금에 집계된다. 당기손익 항목들은 재무상태표 계정이 아니므로 별도의 마감 과정을 통해 재무상태표 상 자본(이익잉여금)으로 계상되지만, 기타포괄손익 항목들은 그 자체가 자본 계정이므로 별도의 마감 과정 없이, 회계처리하는 순간 재무상태표 상 자본(기타포괄손익)으로 계상된다.

2. 기타포괄손익 vs 기타포괄손익누계액

기타포괄손익은 그 자체로 자본 항목이며, 추가적인 마감 절차가 없다. 그렇다 보니, 이익잉여금에 해당하는 기말 누적액을 부르는 별도의 명칭 없이, 모두 기타포괄손익으로 부른다. 이러한 불편함을 해소하기 위해, '기타포괄손익누계액'이라는 개념을 이용한다. 기준서 상 존재하는 용어는 아니지만, 회계학 시험에서 사용된다. 문제에서 기타포괄손익누계액을 물었다면 재무상태표에 계상되는 기말 잔액을 의미하는 것이다. 누계액 개념을 사용하지 않을 경우에는 다음과 같이 물어볼 수도 있다.

'X1년 말 재무상태표 상 기타포괄손익은?'

이 경우 변동분이 아닌 잔액을 의미하는 것이므로 기타포괄손익을 묻는 문제의 경우 앞에 달린 조건에 유의하자.

2 기타포괄손익의 제거 과정

이익잉여금	처분: 배당, 무상증자 등
기타포괄손익	이익잉여금 직접 대체, 재분류조정

이익잉여금은 배당의 재원이 된다. 이외에도, 무상증자를 통해 자본금으로 대체될 수 있다. 이러한 이익잉여금의 제거 과정을 '이익잉여금의 처분'이라고 부른다. 이익잉여금의 처분은 중급회계에서 자세히 서술할 것이며, 회계원리에서는 기타포괄손익의 제거 과정에 집중하겠다.

기타포괄손익은 기타포괄손익을 인식하게 된 관련 계정이 제거될 때 같이 제거된다. 가령, 토지 등의 유형자산의 경우 공정가치 평가를 하면 '재평가잉여금'이라는 기타포괄손익을 인식하게 된다. 이 재평가잉여금은 토지가 제거될 때 같이 제거된다. 제거의 방법에는 이익잉여금 직접 대체와 재분류조정이 있다.

1. 이익잉여금 직접 대체: OCI→이익잉여금 (선택 회계처리, 생략 가능)

(차) 기타포괄이익   X X X   (대) 이익잉여금   X X X

이익잉여금 직접 대체는 말 그대로 기타포괄손익을 당기손익을 거치지 않고 바로 이익잉여금으로 직접 대체하는 것이다. (2)의 재분류조정을 적용하지 않는 기타포괄손익은 이익잉여금으로 직접 대체'할 수 있다'. 직접 대체는 선택 회계처리로, 대체하지 않고 기타포괄손익으로 두어도 무방하다. 실무에서는 직접 대체해 이익잉여금을 증가시키는 편이다.

2. 재분류조정(Recycling): OCI→손익→이익잉여금

(차) 기타포괄이익   X X X   (대) 이익(PL)   X X X

재분류조정은 기타포괄손익을 손익에 반영시키는 것이다. 이 손익은 결국 이익잉여금으로 집계되므로 '재무상태표 상으로는' 이익잉여금으로 직접 대체하는 것과 동일하다. 하지만 손익계산서에 미치는 영향은 다르다. 이는 예제를 통해 설명한다.

예제 1

㈜김수석은 X1년초 장부금액 100,000인 토지를 120,000에 처분했다. X1년초 재무상태표에는 토지와 관련한 재평가잉여금이 10,000 계상되어 있다. 다음의 요구사항에 답하시오.

요구사항1. 위의 처분을 회계처리하시오.

요구사항2. 위의 처분을 회계처리하시오. 단, 재평가잉여금을 재분류조정 하시오.

해설

요구사항1 — 이익잉여금 직접 대체				
(차) 현금	120,000	(대) 토지	100,000	
		(대) 처분이익	20,000	
(차) 재평가잉여금	10,000	(대) 이익잉여금	10,000	← 선택
요구사항2 — 재분류 조정				
(차) 현금	120,000	(대) 토지	100,000	
(차) 재평가잉여금	10,000	(대) 처분이익	30,000	

		재분류조정 X (직접 대체)	재분류조정 O
I/S	NI(처분이익)	20,000 증가	30,000 증가
B/S	재평가잉여금	10,000 감소	10,000 감소
	이익잉여금	30,000 증가	30,000 증가

재분류조정 여부에 따라 당기순이익에 미치는 영향은 달라진다. 처분이익이 달라지기 때문이다. 하지만 재무상태표에 미치는 영향은 동일하다. 재분류조정 되지 않은 만큼 이익잉여금으로 대체되기 때문에 이익잉여금은 똑같이 변동하기 때문이다. '손익을 거쳐서 이익잉여금으로 가느냐, 바로 가느냐'의 차이이지, 결과는 동일하다.

3. 재분류조정 대상 OCI

예제에서 토지의 재평가잉여금은 원래 재분류조정 대상이 아니므로 요구사항1이 옳은 회계처리이다. 재분류조정 여부를 몰랐다면 요구사항2와 같이 틀린 회계처리를 할 수도 있다. 이처럼 기타포괄손익별로 재분류조정 여부가 다르기 때문에 이를 외워야 한다. 다음은 기타포괄손익을 재분류 조정을 기준으로 분류한 것이다. 앞으로 관련 회계처리를 배울 때 하나씩 다룰 것이므로 지금은 읽어보는 정도로만 하자.

| 기타포괄이익 항목(OCI): 잉지재부, 채해위 XO |

구분	설명	재분류조정
① 재평가잉여금	유·무형자산의 재평가모형 적용 시 평가이익	X (이잉 대체 가능)
② FVOCI 금융자산 (지분상품) 평가손익	FVOCI 금융자산(지분상품)의 공정가치 평가손익	
③ 재측정요소	확정급여제도 적용 시 확정급여부채 및 사외적립자산의 평가손익	
④ FVPL 지정 금융부채 평가손익	FVPL 지정 금융부채의 신용위험 변동에 따른 공정가치 평가손익	
⑤ FVOCI 금융자산 (채무상품) 평가손익	FVOCI 금융자산(채무상품)의 공정가치 평가손익	O
⑥ 해외사업장환산차이	기능통화로 작성된 재무제표를 표시통화로 환산하는 과정에서 발생하는 외환차이	
⑦ 위험회피적립금	파생상품에 대해 현금흐름위험회피회계를 적용하는 경우 파생상품 평가손익 중 효과적인 부분	
⑧ 지분법자본변동	관계기업이 인식한 기타포괄손익 중 지분율에 비례하는 부분	△

OCI의 암기법은 '잉지재부, 채해위 OCI XO'이다. 지금은 '잉지재부채해위'를 '잉지재부/채해위'로 나눈뒤, 잉지재부는 재분류조정 X, 채해위는 재분류조정 O라는 것을 기억하자.

3 | 자본의 분류

자본은 다음과 같이 크게 5가지로 분류할 수 있다.

자본 요소	세부 계정
자본금	주식의 액면금액
자본잉여금	자본거래에서 발생한 이익
자본조정	자본거래에서 발생한 손실, 자기주식
기타포괄손익누계액	기타포괄손익의 누적액
이익잉여금	당기순이익의 누적액. 배당 및 투자의 재원이 됨

각 자본 요소에 해당하는 세부 계정은 중급회계에서 다룰 것이므로, 지금은 5가지 분류만 기억하자.

4 | 증자

증자란, 자본금을 늘리는 것을 의미한다. 증자 관련 계정과 함께 구체적인 증자 회계처리를 배워보자.

1. 주식

주식은 보통주와 우선주로 나뉜다. 보통주와 우선주는 다음의 의미를 갖는다.

보통주	배당과 잔여재산분배에 있어 다른 주식에 대해 기준이 되는 주식
우선주	배당이나 잔여재산분배에 있어서 우선권을 부여한 주식

우선주는 우선권을 보장받는 대신, 의결권이 제한되는 경우가 대부분이다.

2. 자본금

$$자본금 = (주당)액면금액 \times 발행\ 주식\ 수$$

자본금은 발행주식 수에 액면금액을 곱한 금액을 말한다. 자본금은 보통주자본금과 우선주자본금으로 구성되어 있다. 액면금액이란, 주식에 기재된 금액을 의미한다. 예를 들어, 삼성전자 주식의 액면금액은 100원이다.

3. 주식발행초과금: 발행금액−액면금액

주식발행초과금이란, 주식 발행 시 발행금액이 액면금액을 초과하는 부분을 뜻한다. 반대로 액면금액이 발행금액을 초과하면 '주식할인발행차금'을 계상한다. 발행금액은 주식을 발행하면서 받는 금액을 의미한다. 발행금액에 따른 회계처리는 다음과 같다.

(1) 할증발행

보통주 100주(액면금액 ₩5,000)를 주당 ₩7,000에 발행한 경우 회계처리는 다음과 같다.

(차) 현금	700,000	(대) 자본금	500,000
		주식발행초과금	200,000

(2) 할인발행

보통주 100주(액면금액 ₩5,000)를 주당 ₩3,000에 발행한 경우 회계처리는 다음과 같다.

(차) 현금	300,000	(대) 자본금	500,000
주식할인발행차금	200,000		

자본금은 '액면금액×발행 주식 수'의 방식으로 구하기 때문에 발행금액과 무관하다. 발행금액이 7,000이든 3,000이든 자본금은 액면금액만큼 증가한다. 발행금액과 액면금액의 차이가 양수인 경우 '주식발행초과금'이, 음수인 경우 '주식할인발행차금'이 계상된다.

5 자기주식 거래

1. 자기주식

자기주식이란 회사가 보유하고 있는 자사의 주식을 뜻한다. 타사의 주식은 사업 모형에 따라 금융자산으로 보아 '자산'으로 분류하지만, 자기주식은 자산이 아닌 자본의 차감으로 분류한다. 자기주식 취득 시 회계처리는 다음과 같다. 자기주식이 차변에 계상되기 때문에 자산으로 생각할 수 있지만 자본의 감소로 분류한다는 점을 반드시 기억하자.

(차) 자기주식   10,000   (대) 현금   10,000

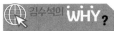 **김수석의 WHY?**   자기주식이 자본의 감소인 이유

> 기준서에서는 자기주식을 자본에서 차감하는 것으로 규정하고 있다. 자기주식을 자산으로 인정하게 되면 신주를 발행한 뒤, 자기주식을 취득하는 방식으로 다음과 같이 무한히 자산과 자본을 늘릴 수 있는 문제가 있기 때문이다.
>
> (차) 현금   10,000   (대) 자본금 & 주발초   10,000
> (차) 자기주식(자산)   10,000   (대) 현금   10,000
>
> 재무상태표
>
> | 자산 10,000 ↑ | 부채 |
> |---|---|
> | | 자본 10,000 ↑ |

자기주식은 5가지 자본 요소 가운데 자본조정으로 분류한다. 자본잉여금은 이름에서 알 수 있다시피 '잉여' 개념이기 때문에 자본을 증가시키는 요소만 올 수 있는데 자기주식은 자본을 감소시키기 때문이다.

2. 자기주식 처분

회사는 자기주식을 취득한 후 처분할 수 있는데, 이익이 발생하면 자기주식처분이익, 손실이 발생하면 자기주식처분손실이라고 부른다. 자기주식 처분 거래는 주주와의 거래로서, 자본거래에 해당한다. 따라서 자기주식처분손익은 당기손익이 아니라, 자본(자본잉여금 or 자본조정)으로 인식한다.

(1) 자기주식처분이익 (⊂자본잉여금)

₩10,000에 취득한 자기주식을 ₩15,000에 처분한 경우 회계처리는 다음과 같다.

(차) 현금	15,000	(대) 자기주식	10,000
		자기주식처분이익	5,000

(2) 자기주식처분손실 (⊂자본조정)

₩10,000에 취득한 자기주식을 ₩5,000에 처분한 경우 회계처리는 다음과 같다.

(차) 현금	5,000	(대) 자기주식	10,000
자기주식처분손실	5,000		

3. 자본거래에서 발생한 손익: 이익은 자본잉여금, 손실은 자본조정

증자, 자기주식 처분 등의 자본거래에서 발생한 이익은 자본잉여금에 속하고, 손실은 자본조정에 속한다. 이는 중급회계에서 배울 감자차손익도 마찬가지이다.

구분	증자	자기주식 처분	감자
이익: 자본잉여금	주식발행초과금	자기주식처분이익	감자차익
손실: 자본조정	주식할인발행차금	자기주식처분손실	감자차손

6 배당

1. 이익잉여금의 처분

당기순이익은 기말에 집합손익을 거쳐 이익잉여금에 집계된다. 즉, 이익잉여금은 당기순이익의 누적액이다. 이익잉여금은 쉽게 말해서 기업에서 벌어들인 돈이기 때문에 재투자나 주주에 대한 이윤 분배가 이루어져야 한다. 이익잉여금을 어느 용도로 사용할 것인지는 주주총회에서 주주들이 결정하는데, 이 과정을 '이익잉여금의 처분'이라고 부른다. 자세한 처분 과정은 중급회계에서 다루며, 회계원리에서는 배당만 다룰 것이다.

2. 배당 회계처리

배당의 재원은 이익잉여금이기 때문에 배당을 지급하는 경우 다음과 같이 현금이 감소하면서 이익잉여금도 동시에 감소한다.

(차) 이익잉여금 　　　　　　 X X X 　(대) 현금 　　　　　　　　　　 X X X

하지만 배당 지급을 결의하는 시점과 실제로 배당을 지급하는 시점 사이에 시차가 있기 때문에 실제 회계처리는 다음과 같다.

결의 시 　　(차) 이익잉여금 　　 X X X 　(대) 미지급배당금(부채) 　　 X X X
지급 시 　　(차) 미지급배당금 　 X X X 　(대) 현금 　　　　　　　　　 X X X

주총에서 현금배당 결의 시에는 미지급배당금이라는 부채 계정을 계상한다. 미지급배당금은 시차로 인해 일시적으로 존재하는 계정으로 실제로 배당을 지급하는 시점에 제거된다.

3. 배당금수익 회계처리

(차) 현금 　　　　　　　　　 X X X 　(대) 배당금수익(PL) 　　　　　 X X X

배당을 수령한 주주는 배당금을 배당금수익(PL)으로 계상한다. 중급회계에서 주식의 여러 가지 회계처리 방법을 배울 것이다. 하지만 주식의 회계처리 방법이 달라지더라도 배당금수익은 반드시 당기손익 항목이라는 것을 기억하자.

| 회계원리를 마치며... |

　정말 수고 많으셨습니다. 포기하지 않고 이 페이지를 읽고 있는 여러분께 무한한 격려의 박수를 보냅니다. 지금까지 달려왔던 그 마음가짐 그대로 중급회계, 그리고 다른 과목들도 하나씩 하나씩 차근차근 종강까지 달리시면 어느새 실전 문제를 풀 수 있는 실력을 가진 본인의 모습을 발견할 수 있을 겁니다.

　회계원리를 공부하는 것이 굉장히 어려웠을 것입니다. 괜찮습니다. 어렵게 느껴지는 것이 정상입니다. 태어나서 처음 보는 내용인데 단번에 이해되지 않는 것이 당연합니다.

　이제 회계원리는 다시 볼 필요 없이, 중급회계편만 반복해서 보시면 됩니다. 시험에 나오는 내용은 중급회계편에 전부 기술해놓았습니다. 중급회계편에는 회계원리의 내용을 요약해서 결론만 기술했는데, 결론만 보아서는 이해가 되지 않는 부분만 회계원리로 다시 돌아와서 보시면 되겠습니다. 그럼 중급회계편에서 뵙겠습니다!